サンエイ新書
6

今こそ知りたい アイヌ
北の大地に生きる人々の歴史と文化

時空旅人編集部 編
Jikutabibito henshubu

はじめに　アイヌ民族とは何か？

アイヌ民族とは、古くから北海道を中心に、東北地方北部やサハリン（樺太）、クリル（千島）列島に生活してきた先住民族をいう。起源には諸説あるが、現在では長い歳月の間に日本列島全域に広がって縄文文化を担った南方系のモンゴロイドが、やがて北方系モンゴロイドの影響を受けて現代に至ったのが和人、影響をほとんど受けずにきた人々がアイヌだと考えられている。

また、古代、大和政権が「エミシ」「エゾ」と呼んだ東北地方の住民は、必ずしもアイヌ民族とは言い切れないようだ。しかし東北各地にアイヌ語由来の地名や呼び名が残っていることから、文化的には深いかかわりがあったであろうことは推測される。「アイヌ」という言葉は〝神〟に対する人間のことを表しているが、アイヌ文化研究者であり自身もアイヌ民族であった故・萱野茂《かやのしげる》氏によると、ほかにも様々な意味がある。アイヌ社会では行いのよい人のみがアイヌと呼ばれ、100年経っても名が残るような良い生き方をした人はアイヌ・ネノ・アン・アイヌ（人間らしくある人間）といわれる。また男性の尊称でもあり、妻が夫のことを語る時や子供に対して「あなたのお父さん」と表す時にも使われる。
このようにアイヌ民族は、独自の言語や生活習慣を持ち、かつては主に狩猟、漁労、採集によって自然と共生してきた。例えば代表的な主食のひとつは鮭である。シペ（本当の食べ物）、カムイチェプ（神の魚）と呼ばれ、秋になると北海道内のあらゆる川を遡上してきた。これらをマレㇰと呼ばれる突き鉤で一匹ずつ獲ったり、あるいは川をせき止めて簗《やな》などの仕掛けで捕獲したりした。鮭は主食としてだけでなく、交易品として最も重要な生き物であり、そのためにアイヌは川べりにコタン（集落）を築いたのである。

つまりアイヌの暮らしは閉鎖された自給自足社会ではなく、他民族と活発な交易を行ってきたことも特色に挙げられる。元《げん》や明《みん》から入る品々は和人との交易にも使われ、唐物として喜ばれた。和人からは漆器や鉄鍋、木綿、煙草などの品がもたらされた。アイヌの人々は獣皮、乾鮭《からざけ》、鷹の羽などを交易品としたのである。

アイヌ民族には独自の文字はなく、こうした多様な文化は、全て口承で伝承されてきた。そのため江戸時代に和人が記録を残す以前の姿を正確に知ることは難しい。さらに明治時代にはアイヌ語をはじめ、多くの文化や習俗も規制されたのである。そのなかでも知里幸恵《ちりゆきえ》（P134参照）のように、アイヌの伝統的な叙事詩を後世に残すために生涯を捧げた女性もいた。彼女が残した『アイヌ神謡集』は不朽の名作として知られ、その深淵なる世界を知るための手がかりとして人々に読み継がれている。

現在、北海道のアイヌ人口は約2万人。和人と変わらない日常を送りつつ、アイヌの伝統復活に取り組む人々も多い。また北海道各地にはアイヌ文化を紹介する博物館が数多く存在している。2020年には北海道白老町《しらおいちょう》に国立アイヌ民族博物館及び国立民族共生公園が誕生する。これは先住民族であるアイヌの尊厳を尊重し、共生していくための「民族共生象徴空間」となる。

本書を読んだらぜひ実際に現地を訪れてみたい。そこで北の大地に燦然《さんぜん》と輝いてきた文化の奥深さと〝日本〟の多様性にあらためて気づかされるはずだ。

儀式のために正装した夫婦。細く切った布を裾や袖などに置いて精巧にアップリケしたルウンペと呼ぶ衣服は、噴火湾沿岸と白老地方の伝統。

アイヌ民族博物館蔵

今こそ知りたい アイヌ
北の大地に生きる人々の歴史と文化　目次

第二章 北海道の歴史とアイヌ民族

本書は2017年2月1日に発行された「サンエイムック 時空旅人別冊 今こそ知りたいアイヌ」をベースに、一部企画内容を変更、ならびに加筆・修正をして再編集した新書です。一部情報に関しては掲載当時のものも含まれます。

第一章　今こそ知りたいアイヌの文化

まず始めに知っておきたいアイヌ文化へと誘うキーワード17

言葉

美しく響くアイヌの言葉

アイヌイタク＝アイヌ語

【aynuitak】

アイヌ民族が使用する言語。もともと文字は存在しないが世界的には珍しくない。現在母語話者としている人は確認されていないが学習者は多い。日本語とは文法の並び順が似ている程度で、ほとんど違う言語である。

自然

人々が生きる大地そのもの

アイヌモシリ＝人間の国、人間の大地

【aynumosir】

人間が生きている大地をこのようにアイヌは表現する。対となる言葉がカムイモシㇼで神々の世界を表す。特徴的なのはお互いが助け合う相互関係にあること。日々の糧はアイヌにとって神からの贈り物なのである。

自然

アイヌにとって大切な動物

キムンカムイ＝熊

【kimunkamuy】

狩猟民族であるアイヌにとって共に生きる動物は大切な存在である。狩猟の対象でもある熊は、特に重要でキムンカムイとは〝山の神〟を意味する言葉である。〝キム〟は狩猟を行う生活圏にある山のことを指している。

言葉

アイヌ独特の文様
モレウノカ【morewnoka】＝静かに曲がる形

アイヌの衣類や民具で強い印象を受けるのが独特の渦巻き文様。これは〝静かに曲がる形〟と呼ばれており、それ以上の分類はない。作り手や地方によって文様に違いがある。魔除けなどの意味があるともいわれる。

衣

樹皮から生まれた糸で織る
アットウシ【attus】＝樹皮織物

オヒョウやニレ、シナなどの樹皮繊維を糸にして織った衣類。文様に目が行きがちだが、大変なのは糸を作るまでの工程。樹皮を剥いで釜で煮て洗い、内皮を剥いで糸のように裂いていく。これがとても丈夫な糸になる。

オヒョウなどの樹皮で織るアットゥシ。樹皮で作られた糸は驚くほどに丈夫である。

アイヌ民族博物館蔵

食

大切な〝命〟をいただく

イペ

[ipe]

=食べる

かつてのアイヌ民族は狩猟や漁労などが大切な生業だった。例えば川沿いに集落を形成して、鮭やマスなどの魚を獲り燻製にして倉のなかに貯蔵した。こうして季節ごとに山川海の恵みを上手に利用していたのである。

食

鳥や魚、獣などで作る汁

オハウ

[ohaw]

=汁

アイヌの主食が〝オハウ〟と呼ばれる汁であった。副食にはサヨ（粥）が挙げられる。鉄鍋を使った囲炉裏での調理が基本で、魚肉、獣肉、山菜など汁に入れる具材によってオハウには様々なバリエーションがある。

道具

様々な用途で使われる必需品

マキリ

[makiri]

=小刀

マキリと呼ばれる小刀は、狩猟採集や道具作りなど様々な場面で活躍する万能な道具。

狩猟や炊事、木を彫ったり、樹皮を剥いだりと何にでも利用できる大切な道具で、かつてアイヌ男性の必需品であった。また〝メノコマキリ〟と呼ばれる小型の女性用小刀も存在。山菜採りや護身用などの道具である。

住

地域によって素材が異なる

チセ＝家

【cise】

アイヌ民族の昔の住居。萱や笹、樹皮など身近にある自然の素材を使って造られている。地域によって素材が異なり、白老町は萱葺きであるが、旭川では笹が使用されていたりする。家に付随した食糧庫などもある。

住

各地に点在するアイヌの集落

アイヌコタン＝アイヌの村

【aynukotan】

集落のことをアイヌ語では〝コタン〟と呼んでいる。川の流域や海辺など食糧が得やすい立地が選ばれていた。川の氾濫なども考えて高台に集落を設けるなどの工夫もあった。村長を中心として規律正しい生活を送っていた。

信仰

人間の願いを神に伝える道具

イクパスイ＝捧酒箸

【ikupasuy】

神へ祈る際に、この箸の先に杯の酒をつけて御神酒をあげる道具。言葉だけでは伝えきれない人間の願い事を、箸に託して神に伝える。魂を持った生き物だと考えられ、魚のようにウロコ彫が入ったものもある。

願いごとを神に伝えるための祭具・イクパスイ。アイヌにとって大切な道具だ。

平取町立二風谷アイヌ文化博物館蔵

信仰

カムイ＝神

【kamuy】

動物、道具、あらゆるものが神

アイヌにとって自然や動植物、道具に至るまで生活に関わるほとんどの事象・物が神、あるいはその化身である。カムイは神と日本語訳されているが、それは環境そのものともいえる。生活自体が信仰に直結している。

信仰

ヌササン＝祭壇

【nusasan】

神を祀るアイヌの祭壇

家の外、東側に設けられる祭壇である。アイヌは恩恵を受けているものを神としてお礼に祭る。例えば水の神、火の神、熊の神など。また家の東側の窓は、神の窓とされており、そこから祭壇が見えるようになっている。

儀礼が行われる祭壇。木をリボン状に削ったイナウという祭具が捧げられている。

アイヌ民族博物館蔵

二風谷の沙流川流域にはアイヌ民族が語り継いできた、様々な伝説が残されている。

信仰

神の国へ動物たちを送り返す

イオマンテ【iomante】＝霊送り

アイヌ民族の儀礼のなかで多く行われるのが様々な霊送り。食糧などをもたらしてくれた神をもてなし、神の国に送り返すのである。そのなかで特に大切にされているのがクマの霊を盛大に送り返すイオマンテである。

信仰

楽しく、皆で舞踊る

リムセ・ホリッパ【rimse・horippa】＝踊り

神への感謝を込めて祭りなどを通じてアイヌ民族は踊る。踊りのことを白老ではリムセ、平取ではホリッパと呼ぶ。キツネやウサギなどの動物、採集などの労働をモチーフとしたものなど内容は多彩である。

娯楽

脈々と伝わるアイヌの伝説

ユカラ【yukar】＝英雄叙事詩

アイヌ民族が語り継いできた物語は数限りない。そのなかで英雄叙事詩を意味するのが〝ユカラ〟である。地域によって呼び方は異なる。内容は人間の主人公による冒険活劇で、アイヌにとって最大の娯楽であった。

信仰

またいつか人間の世界へ還る

モシリホッパ【mosirhoppa】＝死ぬ（国土残す）

アイヌの世界観では生き物の肉体は衣装であり、魂自体は不滅であると考えられる。死によって肉体と魂は分離するが、その魂は祖先が住む世界へと旅立ち、そこでこの世と変わらない生活をすると信じられている。

【自然】アイヌの人々にとって暮らしを育んできた自然は畏怖すべき存在である

大自然に寄り添い祈りを捧げる暮らし

明治時代初期に和人による本格的な開拓がスタートするまで、北海道は広大な原野の地だった。全道の9割ほどが森林地帯だったといわれる。

寒冷な北の風土は稲作をはじめとする農耕には向かなかった。アイヌの先祖も農地を切り拓くことはしなかった。いや必要がなかったのだ。

自然の神々は、必要なものをすべてもたらしてくれる。人々は海辺の河口付近や、内陸部の川沿い、メム（泉）の際などにコタン（集落）を形成し、海で魚や海藻、海獣、野山で有用な植物や木材、動物、そして川では遡上してくる鮭を捕って暮らした。自然はそのまま、尽きることのないハルオプ（食糧庫）だった。

春には山菜採りが始まる。旧暦5月頃は「静かなる採取の月」、6月「大いに採取する月」、7月「女たちの採取できる月」……。各月の呼び名は自然の巡りと一体だ。

鮭が遡上し「川魚を多く捕る月」である12月が過ぎれば、狩りの季節である冬がやってくる。大切な食糧庫は損なわれてはならない。アイヌの人々は神々に感謝の祈りを捧げ、必要な分だけを取ることを守った。

アイヌ民族が暮らす土地をアイヌモシㇼという。「人間の国、人間の大地」の意味だ。静寂に包まれた原野に寄り添い、その恵みに守られて人々は生きてきたのである。

アイヌに生活技術を伝えたオキクㇽミカムイとは？

アイヌ神話に登場する神。アイヌモシㇼが出来たばかりの頃、その美しさを聞いたオキクㇽミは、神の国から稗《ひえ》の種を盗んで下界に降り、火の起こし方や家の建て方、獲物の捕り方、矢毒の作り方、稗の栽培、酒とイナウで神を喜ばせる方法など、様々な生活技術を教えた。

神の矢が射抜いたとされる

オプㇱヌプリ

日高地方の沙流川流域は多くのコタンが形成されてきた地。川に面してそびえる山オプㇱヌプリには、山の欠けた部分に関する伝説が残る。沙流川に住んでいた神オキクㇽミは、攻めてきた十勝アイヌたちに技比べを提案し、ヨモギの矢で山を射て、穴を空けた。それを見て仰天した十勝アイヌは早々に逃げ帰ったのだという。

パイカㇻ
春【paykar】

サㇰ
夏【sak】

チュㇰ
秋【chuk】

マタ
冬【mata】

チュㇷ゚
太陽【chup】

クンネチュㇷ゚
月【kunnechup】

ニㇱ
空【nish】

ヌプリ
山【nupuri】

ペッ
川【pet】

アトゥイ
海【atuy】

ト
湖【to】

ニ
木【ni】

ニタイ
森【nitay】

ノンノ
花【nonno】

ニセコアンヌプリ
【niseykoannupuri】
ニセイ・コ・アン・ヌプリ（絶壁に向かってある山）が語源。だが和製呼称説もある。かつてはチセ・ネ・シリ（家のような山）と呼んだ。

やがて神の国に帰ったが、今でも年に1回、妻と暮らした沙流川《さるがわ》にイナウの材料を刈りに来るという。

アイヌ語のなかに生きる自然の姿

自然を表現するアイヌ語には、今も地名に残っていたり、日本語に転化しているものも多い。夏に漁撈《ぎょろう》用の集落を作った積丹《しゃこたん》はサクコタン（夏の村）、マタはマタギの語源になった。太陽と月はどちらもチュプと言うが、クンネ（夜・黒い）がつくと月。太陽は頭にトカプ（昼）をつけることもある。女性誌名「ノンノ」もアイヌ語だ。

【動物】独自の生態系のなかで育まれる命
北の大地に生きる動物はアイヌの隣人

北海道には津軽海峡を隔て固有の動物が生息する

北海道に行くと、まるで日本ではないみたいだと言う人は多い。それは一面として正しい。地形の雄大さだけでなく、動植物の生態系が本州以南とは違うのだ。動物も植物も「エゾ○○○」と名づけられているものが多数ある。つまり他の地域のものとは様々な点で異なる亜種なのである。

なぜかといえば、陸が津軽《つがる》海峡で分断されているからだ。7万年～1万年前の最終氷期には海面が130mほど低下したが、最深部で140mある海峡には、中心に大河のような水路部が残った。そのため、生物の移動がほとんど起きなかったのだ。

東北のマタギはツキノワグマを捕るが、アイヌが伝統的に捕えてきたクマは本州には生息していないヒグマだ。シカも本州とは違うエゾシカになる。鮭は本州の東北や関東、中部の川にも来るが、圧倒的な量を占めるのは北海道であり、道内全域の河川に遡上する。
それら全てが神の化身、あるいは神がアイヌに送り届けてくれるものだった。北の大自然の中で命を紡ぐものたちは皆、アイヌの人々にとって身近な存在であり、それぞれが大切な意味を持っていたのである。

動植物の分布境界線のひとつ、ブラキストン線とは?

津軽海峡を東西に横切り、本州以南と北海道を区切る動植物境界線のひとつ。日本の野鳥を研究していたイギリスの動物学者トーマス・ブレーキストンが提唱した。この線を南限とする動植物や、線を隔てて固有の亜種となっているものが多数見られる。

キムンカムイ=ヒグマの生態を知る

ヒグマは日本の陸棲哺乳類で最大のものだ。かつては北海道全域に生息し、アイヌ民族にとっては大変に身近な動物だった。ヨーロッパやシベリア、北アメリカなどに広く分布しており、北海道のものは本種の一亜種で、エゾヒグマと呼ばれている。成獣になると体長は2m、体重は200~300kgに達する。本州山間部に生息してい

ヒグマはシカやネズミ、果実などのほか、サケやマスも食べている。冬眠中は脈拍や心拍数が低下する。冬眠に向いた自然環境はほぼ決まっており、そうした場所の穴を確認していけば巣穴が見つかる。

写真／PIXTA

るツキノワグマよりもふた回りほど大きく褐色の毛が特徴。食環境がよいと500kgを超えて大型化するものもあり、「筋子の汁をつけたような」赤毛のクマは気性が荒いという言い伝えも残されている。

アイヌからは「山の神」を意味するキムンカムイと呼ばれるほか、地域やクマの性質、年齢によって、キムンエカㇱ(山のお爺さん)、シケカムイ(荷物を背負った神)、エペレ(1歳の子熊)、シユㇰ(本当の獲物)など様々な名前を持つ。単にカムイ(神)と言う時もヒグマを指している。

雑食性だが、肉食の傾向が強い。極めてまれにだが、人を襲うこともある。冬は巣穴で冬眠し、その間の2月頃に出産する。そのため2月に入ってからの雨は、キムンカムイポ・ソシケ(山の神の子どもの産湯)などと言う。この雨が降った後、男たちは穴グマ狩りに山に入った。ヒグマは肉や薬(熊の胆)、毛皮などを送り届けてくれる神であり、狩りの前後には丁重な祈りを捧げた。

アイヌモシㇼに生きる動物たち

写真／PIXTA

身近な狩猟対象だった

チロンヌㇷ゚

【chironnup】キタキツネ

アカギツネの亜種でホンドギツネよりやや大きい。北海道では平地から山まで広く生息する。呼び名は「我々がどっさり殺すもの」。食用のほか、頭骨を守り神とした。シュマリ、ケマコㇱネカムイともいう。

肉と毛皮を与えてくれる

ユㇰ

【yuk】エゾシカ

ニホンシカの亜種のなかで最大の大きさ。ユㇰは「獲物」を意味している。シカはカムイではなく、鮭と並ぶ主要な食料としてカムイがもたらしてくれるもの。毛皮は防寒具、骨や角、腱は漁具などの材料にした。

コタンの守り神

コタンコㇿカムイ

【kotankorkamuy】エゾシマフクロウ

日本で一番大きなフクロウであり、広げた翼の端から端までは２ｍにもなる。「コタンのカムイ」というアイヌ語名が示す通り、人間の村を守ってくれる神であり、位の高さではクマに並ぶ。カムイチカㇷ゚とも呼ぶ。

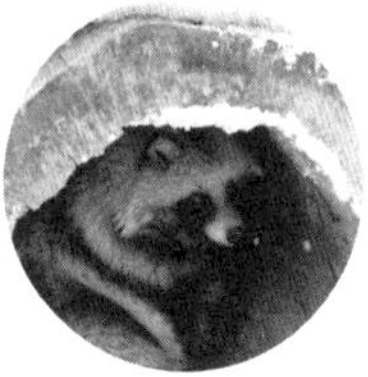

「小さな獲物」の意味

モユㇰ

【moyuk】エゾタヌキ

タヌキの日本産亜種で、北海道の一部にのみ生息する。モユㇰとは「小さな獲物」のこと。肉に脂身が多いため食料として喜ばれたほか、毛皮も活用された。沙流川流域にはタヌキ送りの風習もあったという。

【衣】樹皮などを利用して丁寧に紡いで織る衣には知恵と工夫が生かされている

切伏や刺繍文様を施した精巧で美しいハレ着

アイヌ民族が自作した衣服は動物の皮や植物の内皮を材料にしている。動物を素材とした衣服には、ワシ、タカ、ウミウ、エトピリカなどの羽根のついた皮で作られた鳥羽衣、クマ、シカ、キツネ、アザラシなどの皮で作られた獣皮衣、鮭やマスの皮で作られた魚皮衣がある。これらの技術は今に伝わっていない。

今日まで伝えられている技術は、オヒョウ、シナノキなど樹木の内皮を使って織られた樹皮衣である。とても丈夫な着物で、アットゥシアミプと呼ばれている。

アイヌの衣服は普段着として着用する場合は文様をつけないことが多いが、ハレ着として用いる衣服には、別の布を張り合わせたアップリケのような切伏《きりぶせ》や刺繍などで、独特の文様を施している。

このほかに外来の布を素材にした衣服もある。江戸時代後半、本州の和人との交易

鮭の皮で作られた靴

チェプケリ

【cepkeri】

鮭の皮を乾燥させ、糸で縫った靴。大人用1足に鮭3～4本分が必要。靴底は滑らないようにギザギザした背びれ部分を使う工夫をしていた。産卵後の鮭は皮が厚く丈夫で長持ちした。ただし火に弱いのが欠点。

アイヌ民族博物館蔵

オヒョウの樹皮を糸にして織る

アットゥシ

【attus】

アイヌの代表的な樹皮織物がアットゥシ。その着物がアットゥシアミㇷ゚である。素材が樹皮なので丈夫でしっかりしている。袖口、背中、裾に刺繍文様などを施してハレ着として着用した。

アイヌ民族博物館蔵

により、木綿が大量に入手できるようになったため、木綿地に切伏や刺繍文様を施すようになった。また、外来の衣服をハレ着として普段の衣服の上に着用することもあった。日本の打掛けや陣羽織はコソンテと呼ばれていた。

樹皮を剥いで煮て裂いて繊維を一本の糸にする

オヒョウは高さ20ｍ、直径80㎝に生長するニレ属の高木である。北海道全域に分布しており、内皮の繊維は強靭《きょうじん》で水に強く通気性も高いため、衣服や袋などの素材として用いられた。このオヒョウの樹皮衣がアットゥシアミプである。

樹皮衣を作る作業は、木に水分が多く剥がしやすい春から夏にかけての季節に、木の皮を剥ぐことから始まる。そして堅い外皮から内側にある靭皮《じんぴ》を分離させる。靭皮を煮てぬめりを取った後、薄く裂いていく。２～３㎜幅まで細かくしたところで、指で撚《よ》りをかけながら、一本の糸に紡いでいく。

こうして紡いだ糸を腰機で織った布に仕立て、切伏や刺繍を施して、アットゥシアミプが完成する。

オヒョウから樹皮を剥がす作業は基本的に男性が行うが、糸を紡いで織り、仕立て、

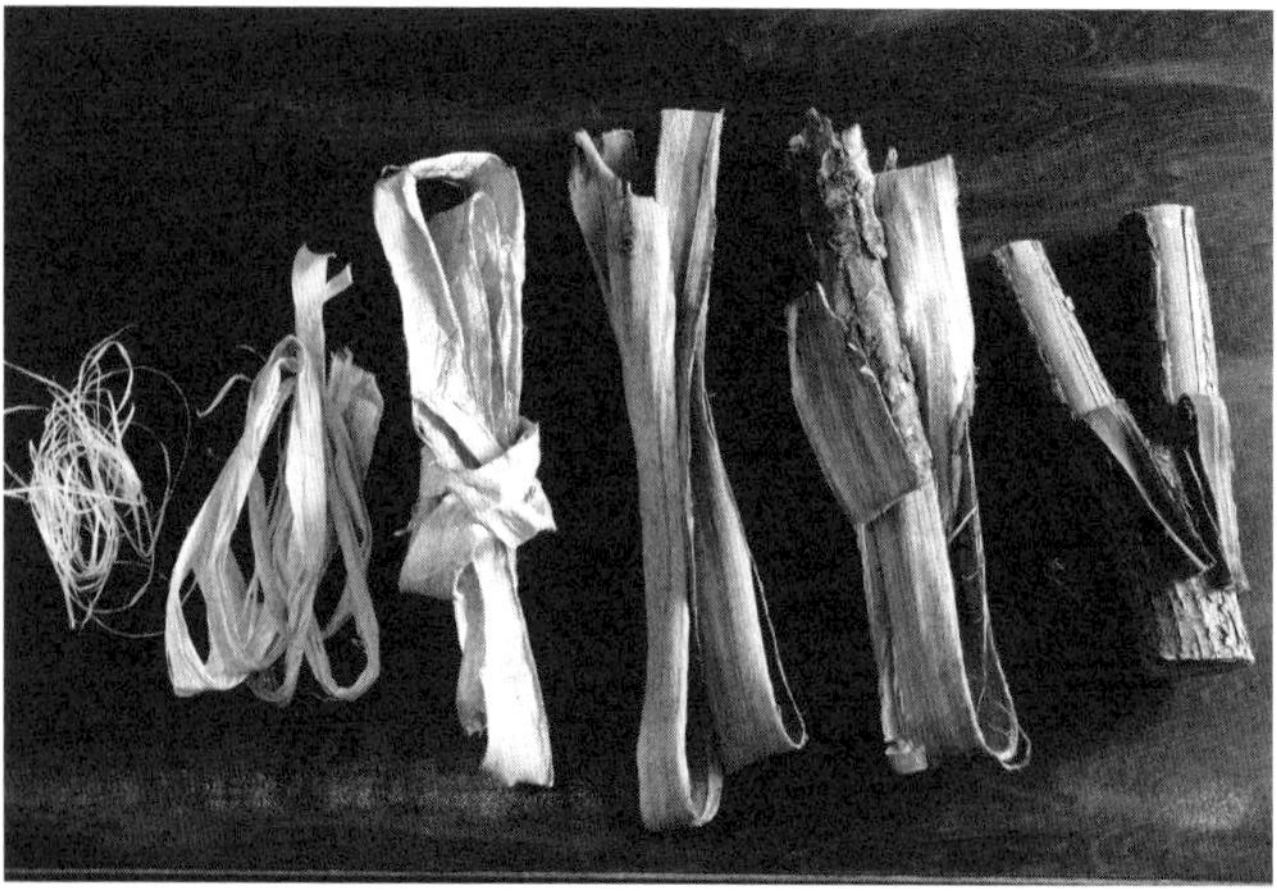

❶樹皮を剝ぐ ← ❷荒皮を剝ぐ ← ❸釜で煮る ← ❹洗う ← ❺内皮を剝ぐ ← ❻糸を作る

❶――オヒョウの幹の樹皮を7〜8㎝の幅で剝ぐ。木は直径15〜20㎝、節がないものを選ぶ。

❷――樹皮が柔らかいうちに、堅い外皮を剝いで、樹皮衣の材料となる内側の靭皮を取り出す。

❸――釜に湯を沸かし、内皮と木灰を入れて数時間煮る。柔らかくなると、内皮が剝がれやすい。

❹――ぬめりを取るために水で洗う。ぬめりがあると糸にしたときに弱くなるので、丁寧に洗う。

❺――水で柔らかくしてから、何層にも重なっている内皮をさらに薄く剝ぎ、一枚の薄さにする。

❻――2〜3㎜の幅に細かく裂く。これを指で撚り合わせながら、一本の長い糸に紡いでいく。

文様を施す作業までは女性の仕事である。これらはアイヌの女性の誇りとして、母から娘へと受け継がれていった文化だ。

一針一刺繍した文様に込められた想い

アイヌの衣服には独特の文様と刺繍が施され、大きな特徴となっている。多くは切伏というアップリケのような別布を張り合わせ、その上から刺繍文様を施したものだ。

木綿地に黒や紺の直線模様の木綿布を切伏布にして、その上に刺繍したものを、日高地方の静内《しずない》ではチニンニヌプといい、平取では同じものをチカラカラペという。

また、木綿地に大きな白い切伏布を使ったものは、静内ではチカラカラペ、平取ではカパラミプと呼ぶ。

チカラカラペは「我々が刺繍したもの」という意味。アイヌ民族の誇りが文様に込められている。

ほかに、切伏布を使わないで、黒い木綿地に直接刺繍したものはチヂリと総称されている。

作り手によって異なる独特の文様

切伏や刺繍の文様は千差万別である。地域によっても特徴があり、名称が違う場合もある。もちろん、作り手によっても、文様はそれぞれ違いが出てくる。文様には渦巻き状のモレウ、棘《とげ》状のアイウシなどがある。文様を施す場所は襟や袖口、裾などの開口部。悪いものが入ってこないように、魔除けの意味が込められているともいうが、はっきりとはしていない。

白い切伏布を多く用いているのが特徴

カパラミプ

【kaparamip】

木綿地に白い布を大きく切り抜いて縫い付け、切伏文様にしたもの。白い布をたくさん使うため、「白い着物」という意味がある。明治時代末期から大正時代にかけて日高地方静内で始まり、一番多く現存する衣服だ。

アイヌ民族博物館蔵

精巧な文様を刺繍した
切伏布の着物

ルウンペ

【ruunpe】

ルウンペは木綿地に白い布や色布を細くしたものを切伏布として縫いつけ、その上から、精巧に刺繍を施したもの。北海道でも噴火湾沿岸や室蘭、白老などで着用される。

アイヌ民族博物館蔵

【装身具】華やかに着飾るアイヌ民族美意識の高さが表れている

冠、鉢巻、首飾り、耳飾りなどのアクセサリー

男性は儀式の時に、サパンペという冠をつけた。ブドウヅルなどを編んだ本体に削り掛け、動物神を形作った木彫などをつけたもの。儀礼用の刀・エムシを刀帯・エムシアッに通し肩から下げていた。手甲・脚絆《きゃはん》は本来労働する時に使用したものだが、後の時代には刺繡文様を施して装飾品のひとつとした。

女性は儀式の時に、頭にマタンプシという刺繡を施した鉢巻をつけ、耳にはニンカリというピアスのような耳飾りをつけた。マタンプシやニンカリは、古くは男性がつけていたとされるが、その後は女性の装身具となっている。

首飾りにはレクトゥンペというチョーカーのようなもの、タマサイという首から胸までかかる大きなものがある。神まつりや人が死んだ時などに身を飾った装飾品であり、紐の数が多いほど上等なものとされたと故・萱野茂《かやのしげる》氏が著書で述べている。特に

アイヌの男性が正装した姿。頭にサパンペという冠をつけ、儀礼用の刀・エムシを身に着けている。
アイヌ民族博物館蔵

男性が身に着けているもの

サパンペ
【sapanpe】

頭冠のこと。ブドウヅルなどの蔓を編み込んだ本体に、イナウルという削り掛けを束ね、中央にクマやキツネなどの木彫、鳥の頭蓋骨、クマの牙、爪を飾った。

エムシアッ
【emushat】

儀礼用の刀エムシを肩から吊り下げるための専用の帯。刀を固定する刀通しがあり、その下に装飾として房がつく。刺繍文様があるものとないものがある。

エムシ
【emush】

儀礼用の刀。和人から入手した刀身、鍔などを、アイヌが製作した木製の鞘や柄に組み合わせて刀とした。刀身にはアイヌの手によって様々な文様が彫刻されている。

アイヌ民族の女性の正装。頭には、美しいアイヌ文様の刺繍が施されたマタンプシを巻いている。

アイヌ民族博物館蔵

タマサイは母から娘へと受け継がれる、アイヌ女性の宝物であった。タマサイに使うガラス玉は和人や大陸との交易によって入手した。女性はまた、テクンカニという腕輪を付けることもあった。

こうして見るだけでもアイヌ民族は独自の美意識を持って、ほかの民族とは異なる文化を築いてきたことがわかる。イオマンテをはじめとした人々が集う酒宴の席では、美しい文様が刺繍された着物や装身具を各々が身に付けた。それは作り手の腕を見せる格好の場にもなったことだろう。

実はタバコも好んだアイヌ民族

アイヌはタバコを嗜好品として好んだだけでなく、魔除け、挨拶や社交の道具として使っていたという。アイヌ社会では煙草を相手と交換して喫煙しあうのが習慣だった。貴重品のため、ほかの植物と混ぜて吸っていた。薬草と混ぜて薬にしていたという説もある。

【食】山・川・海の恵みを受け保存加工技術を駆使して食を確保した

温かい煮込み汁とさっぱりした粥が日常食

かつてのアイヌ民族の食生活は、自然界に依存する狩猟採集が中心であり、農耕は補助的なものだった。と言うと貧しい食を想像するかもしれない。しかし当時の北海道の自然は非常に豊饒《ほうじょう》だ。肉や山菜が食べたければ山へ、魚が食べたいなら川や海に行けばこと足りる。狩猟や漁労、山菜採りに対する優れた技術や知識がそれを支えた。厳しく長い冬や干ばつなどに備えるため、食材を保存加工する技術も発達した。そうした知恵を駆使して、四季を通した豊かな食生活が営まれてきたのだ。

食材は「煮る」「焼く」「蒸す」「茹でる」などの方法で調理され、新鮮なものは生で風味を楽しむことも多かった。調味料には塩、獣脂、魚脂を用いていた。

日常食で最も重要なのは、主食となるオハウあるいはルㇽと呼ぶ汁物で、肉や魚と山菜・野菜を煮込んで作る。オハウの代わりに魚や肉の串焼きを食べることもあった。

副食としてはサヨを食べる。稗《ひえ》や粟《あわ》を薄く炊いたさっぱりとした粥で、オハウを食べた後の口直しにした。穀物に山菜や野菜を混ぜた粥もある。粥の代用や間食には、山菜や野菜、豆などを汁気がなくなるまで煮て、塩と脂で味をつけたラタシケプという煮物を作る。クマやシカの内臓を細かく刻んだフイベ、鮭の頭やヒレ、エラを粘りが出るまで叩いたチタタプ、凍らせて切り身にしたルイベなどは生のまま食べる。

また、儀式や祝祭では穀物の粉で作る団子シトや、硬めに炊いた穀物飯チサッスイエプも作られる。

魚・肉は燻製や干物に、山菜・海藻は乾物にし、ウバユリからはでんぷんを採って保存した。

アイヌ料理の多くは鉄鍋で調理される

料理を作るにはもっぱら、炉かぎに掛けた鉄鍋が使われた。鍋はアイヌ語でスと言うが、これは本州以南で一般的に使用していた鉄鍋と同じ。和人との交易などを通して渡来したものだ。オハウの汁を煮るにはオハウス、サヨを作るのはサヨスと呼んで区別した。硬めの飯もサヨスで炊く。酒を造るために粥を煮るものはサケスと呼ぶ。

魚や獣肉を煮込んだ汁

オハウ

【ohaw】

食事のメインとなるオハウは、小魚の焼き干しや獣骨でダシを取り、魚か肉、野菜、山菜を入れて煮込む。薄い塩味をつけ、脂や昆布の粉末、ギョウジャニンニクなどで風味をつけることも多い。具が魚ならチェプオハウ、肉だとカㇺオハウ。

狩猟／晩秋から初夏にかけて行われる男たちの仕事

肉に脂がのる秋と穴グマ猟の春先がメイン

狩猟は主に、山菜の採取や鮭漁が終わった晩秋から翌年の初夏にかけて行われた。男たちの大部分は家にとどまり、近くの原野でシカや小動物、鳥類を捕った。一方、狩りにすぐれた者や若い者は初秋にシカ猟を終え、中秋にはクマの冬眠地に近い山奥の猟小屋に移動する。

積雪が始まると猟小屋の男たちも家に戻り、食料補充的な猟のみを行う。再び本格的な猟期が訪れるのは、2月に入って雨が降り、その後の寒気で堅雪の上を歩きやすくなってからだ。男たちはクマやシカの狩猟団を組み、猟小屋に入って幾日も獲物を追う。特に冬眠期のクマを狩る穴グマ猟では、家を発つ前と戻った時は火の神、家の神にカムイノミ(祈り)をし、冬眠穴を見つけた時と仕留めて解体後はクマに感謝の祈りを捧げる。狩りは幾度もの祈りを伴う神聖な行為なのだ。捕獲した子グマはコタン

雪原で弓を構えるアイヌの狩人。狩猟は男たちの仕事で、大がかりなシカ猟やクマ猟では狩猟団を組んで獲物を追う。

アイヌ民族博物館蔵

に持ち帰って、イオマンテの儀式まで大切に育てる。

矢、罠、仕掛け弓などの手法があった

クマを捕るには、主に矢毒を塗った矢が使われた。秋のクマ猟では犬が追い立てたクマに矢を射て倒し、春先の穴グマ猟の場合は、クマ穴の入口に丸太を立てて出られないようにし、祈りを捧げた後に矢を打ち込むか槍で突く。絶命したクマを引き出すと「これからわが家に帰って美しいイナウを捧げ、美味しい酒もご馳走するから喜んでください」と感謝の言葉を述べる。

シカは矢のほか、くくり罠、氷結した湖沼や水中、柵の中に追い込むなど様々な手

法で狩った。くくり罠は野ネズミやウサギ、リス、テンなどの小動物を捕獲するのにも便利な道具で、本州以南で使っているものと仕組みは同じである。群れを崖に追いたてて落とす方法では、一度に大量のシカが捕獲できた。

また、晩春から秋にかけて野山が緑に覆われ、獲物が目視しにくい時期は、アマッポと呼ばれる仕掛け弓も、クマやシカ、カワウソ、ウサギ、タヌキなどに多く使われた。矢をつがえて引いた状態で、引き金で固定した道具である。獲物の通り道に設置しておき、触り糸に触れると毒矢が発射される仕組みだ。弓の位置は狙う獲物によって変える。仕掛けを見回る際は、犬が誤射されないよう人間だけで

主な獲物

◎ヒグマ　◎エゾシカ
◎ウサギ　◎キツネ
◎タヌキ

クマとシカが主要な食料。このほか、野ネズミ、カワウソ、テン、リス、イタチ、ワタリガラス、羽根を採るオジロワシ、オオワシなども狩猟の対象になっていた。

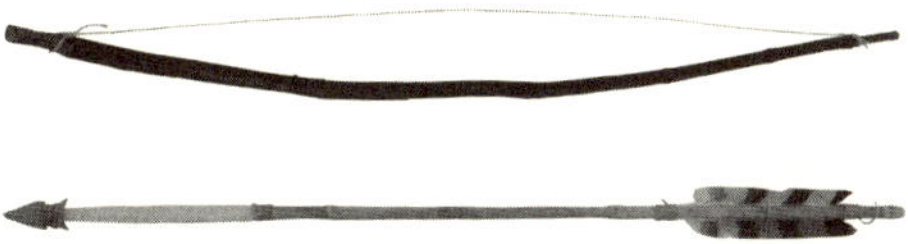

狩りに使用するのは、アマッポと呼ばれる仕掛け弓とアイ（矢）

アイヌ民族博物館蔵

行き、確認をした。

秘伝とされたアイヌの矢毒

アイヌ民族が狩猟に用いていたアイ(矢)。その矢じりに塗る矢毒はスルクと呼ばれる秘伝のものだった。これはトリカブトの根を主原料としており、毒性を高めるため、イケマの根、メクラグモ、マツモムシ、煙草の煮汁などを混ぜて作るもの。各家それぞれに伝わっている製法が存在し、それは互いに秘密とされていた。また猛毒を持つアカエイの刺針も使われていた。また、矢に関しては乾燥させた根曲がり竹やノリウツギを軸にし、ワシやカケス、トビなどの羽根を矢羽にした。矢じりには尖らせた根曲がり竹やシカの骨、堅い木、鉄、真鍮《しんちゅう》などが使われる。

漁労／狩猟と並ぶ大切な生業
コタンは河口付近や川沿いに形成された

海猟

舟を操り魚や海獣類を獲る

漁もまた、男の仕事だった。男たちは長さ3～4ｍの舟を操り、毒を塗った銛《もり》でカジキマグロやマグロ、マンボウなどを獲った。舟には2～3人が乗り、舳《じく》の1人が銛の打ち手である。家から浜に着くまでは人に会っても言葉は交わさない。家に残る家族も静粛にしていないと漁に恵まれないという。

ことに盛んだったのがカジキマグロ漁だ。ゲン担ぎに舟の横でひと眠りしてから漕ぎ出し、イナウを海に流して祈りを捧げてから獲物を待った。銛が当たっても、暴れて逃げるカジキマグロに引き回されることも多い勇壮な漁であった。

イルカやオットセイ、クジラなどの海獣も獲った。肉や脂の食用はもちろん、皮、骨、腱などは道具作りや交易品に使える非常にありがたい獲物だ。解体後はその霊を丁重に送った。また、漁網を使った漁では沿岸域の様々な魚を獲った。

川猟

鮭やマスに代表される漁猟

川で行う漁は、夏のマス漁、秋の鮭漁などが中心になる。マレㇷ゚と呼ばれる自在銛を使って1尾ずつ獲る。そのほかにも川をせき止めて獲るテン漁、簗《やな》を使ったウライ漁、根曲がり竹やヤナギの枝で作る円錐形の落としかごに誘い込むラウォマプ漁などが挙げられる。

マレㇷ゚は特にアイヌ独特の道具だ。銛と鉤《かぎ》を兼ね、いったん突いた魚は確実に引き上げることができる。またアㇷ゚という流し鉤もおもしろい。根曲がり竹の先に鉤をつけてあり、川に流して、張ってある糸に魚が触れると引っかけて獲るというものだ。海からの膨大な遡上があったからこそできた漁法だろう。

鮭はアイヌにとってシペ（本当の食べ物）、カムイチェㇷ゚（神の魚）とされるほど重要な生き物。カムイではなく、カムイが人間に贈る食料とされる。毎年生まれた川に戻ってくるのは、水の匂いを覚えているからともいわれる。かつては季節が来れば、必ず大量に得られる食材だった。秋に一年分の鮭を獲ると、まずは生や汁物、焼き物にして食べる。残りは内臓を取り除いて戸外の天日に干し、生乾きになったものを炉端の天井に吊るして燻製にして保存した。

このほか川や湖沼では、イトウ、ウグイ、シシャモなどの魚や淡水性の貝なども獲った。イトウは北海道ならではの魚だ。いずれも保存する際は干し、オハウなどを作る際にもいい出汁になったのである。

魚の皮で着物や靴も作る

産卵期の鮭の皮は厚く丈夫だ。これを使って作っていたのが魚皮衣。付着物や脂分を丁寧にこそげ落とし、乾燥させた後、何度も叩いたり揉んだりして軟らかくしてから使った。背びれ、胸びれを除いてできた穴は別の皮を継ぐ。靴も作った。内側に保温用として枯草などを入れ、主に冬、雪の中を歩く時に使ったそうだ。

山菜／山野で芽吹く自然の恵み
アイヌの山菜図鑑

季節の味を生で楽しみ干して貯蔵保存食にした

山菜の採取は春から秋まで続く女たちの仕事だ。現代で一般的に言う山菜（天ぷらやおひたしにするような）よりも意味するものは広い。果実や葉、若芽、根、木の実など食用・薬用になる野生植物全てが採取の対象であり、その種類は120種以上あったとされる。

3月から4月はギョウジャニンニクやフキノトウが出てくる。野山には花々が咲き始めれば、待ちかねた山菜シーズンの到来だ。ギョウジャニンニクはアイヌ語で〝プクサ〟と呼ばれる代表的な山菜である。湿気のある斜面などに群生し、強いニンニク臭がある。魔除けとして、伝染病が流行った時には戸口に刺したりもした。皆で山に入って採るうち、自然と歌もこぼれる。少しウバユリを掘る月（5月）、本格的にウバユリを掘る月（6月）には、クサイチゴやハスカップ、桑の実、サクランボなど生で食べて美味しい天然のフルーツも採れた。９月を過ぎればヤマブトウやマタタビ、コクワ、クリ、キノコ、ヒシの実、ガガイモなどが豊かに実る。

自分のコタンの領域内なら、どこで何を採ってもいい。採った山菜は貯蔵保存された。最も重要な山菜であるウバユリは、鱗茎《りんけい》から取ったでんぷんを乾燥させ、残ったカスも保存食にした。また、同じく重要なギョウジャニンニクは茎葉と根に分け、細かく刻んで干してから貯蔵した。採るだけでなく、こうした作業にも女たちは忙しく働いた。

山菜を入れて運んだ袋〝サラニプ〟

採取したものの運搬や貯蔵にはサラニプというバッグを使う。材料は樹皮やヤマブドウのツル、草の茎など。煮て柔らかくしてから編む。大きさは様々で、１００ℓあまり入る大型のものはポロサラニプと呼ぶ。

甘みがあり、
食べやすい

チスイェ

【cisuye】アマニュウ

セリ科の多年草で、高さ2mにもなる。苦みのあるシウキナ（エゾニュウ）の仲間だが、こちらは甘みがある。生食、あるいは干しておいて煮物に入れる。

病魔を払う
大切な薬草

プクサ

【pukusa】ギョウジャニンニク

ユリ科の多年草。オハウやサヨ、ラタㇱケㇷ゚など様々な料理に使われる。喉の痛みや風邪、結核などほとんどの病気には煎じて飲むか、煮立てた湯気を吸い、火傷、打ち身には湿布にした。

クセがなく、
オハウに合う

プクサキナ

【pukusakina】ニリンソウ

キンポウゲ科の多年草。春の代表的な山菜で、クセがなく柔らかい。茹でて干したものを備蓄した。オハウキナとも言い、オハウに入れて食べる。

シダ植物の
若芽を指す

ソルマ

【sorma】ゼンマイ

ゼンマイ科のシダ植物。アイヌ語では普通のゼンマイのほか、ヤマドリゼンマイやコゴミも同じくソルマと呼ぶ。若い芽を茹でて食べることが多い。

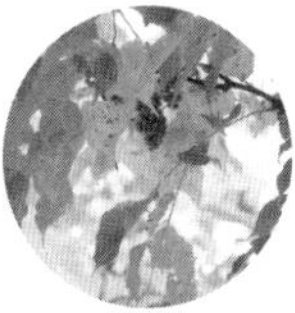

春と秋に
収穫される

シケルペ

【sikerpe】キハダ

ミカン科の落葉樹。黄色い内皮は漢方では黄檗と言い、アイヌは煎じて胃薬にした。10〜11月に採れる果実は、甘みと香りを生かして煮物に使った。

傷への薬効に
すぐれる

チマキナ

【cimakina】ウド

いわゆるヤマウド。チマキナとは「かさぶた草」の意味で、傷薬にすれば治りが早い。クマに傷つけられた時も根を貼る。生食のほか、煮物に入れる。

アクを抜いて
汁物の具に

トゥワ

【tuwa】ワラビ

若い芽を茹でてアク抜きし、オハウの具にする。秋には根からでんぷんを取る地域もある。このでんぷんはサヨにしたり、肌の塗り薬にしたりした。

団子の材料や薬、
魔除けに

ノヤ

【noya】エゾヨモギ

本州のヨモギより大きく、草丈は１〜２mになる。若い葉でヨモギ団子を作る。もんで傷薬にしたり、煎じ汁を飲み薬にもする。ノヤは「もむ」の意味。

春、最初に
採れる山菜

マカヨ

【makayo】フキノトウ

雪解けの頃に採り、生で魚脂をつけたり、焼いて皮をむいて食べた。コロコニ（フキ）も同じように食べ、葉をひしゃく代わりや小屋の屋根にした。

サク 夏【sak】6〜8月

冬に備えて
でんぷんを取る

トゥレプ

【turep】オオウバユリ

ユリ科の多年草。アイヌの山菜で最も大切なものだ。鱗茎を掘り上げ、でんぷんとオントレップ（カスを固めたもの）を作って、冬の間の食料とした。

鱗茎が
でんぷんを含む

トマ

【toma】エゾエンゴサク

ケシ科の多年草。葉が枯れた夏に小さな鱗茎を掘り、焼く・煮る・餅にするなどして食べる。干して冬の食料にもした。春に咲く花の蜜も楽しめる。

酸味のある
実を味わう

マウ

【maw】ハマナス

バラ科の低木。赤い実はハーブティーに使われるローズヒップ。生で食べるか、干して保存し飯に炊き込む。樹はマウニと呼び、魔除けにも使った。

甘酸っぱく
ビタミン豊富

ハシカプ

【haskap】ハスカップ

和名はクロミノウグイスカズラ。現在、ハスカップと呼んでいるのはアイヌ語名からきている。北海道全域の原野に自生し、甘酸っぱい実を生で食べる。

チュク 秋【chuk】9月～11月

カシワの実が
美味しい

ニセウ

【nisew】ドングリ

カシワやミズナラのどんぐりは、灰汁で茹でたり、水をかけながら干したりしてシブを抜き、おやつや団子、煮物、粉を水に溶いて母乳代わりにもした。

超ミニの
キウイのような実

クッチ

【kutci】コクワ

木質ツル植物で、和名ではサルナシともいう。キウイをごく小さくしたような実をつけ、味もキウイに似ている。実を食べたり発酵させて酒にした。

たくさん採って
保存する

ネシコ

【nesko】オニグルミ

実を干して保存食にする。一般には炒ってからすりおろし、餅につけたり、湯を注いで飲んだりした。イオマンテの祭事では欠かせない供物でもある。

ブドウより
濃厚な味わい

ハッ

【hat】ヤマブドウ

ブドウ科の木質ツル植物。秋に採れる濃厚な甘みの実をそのまま食べたり酒にするほか、若葉やツルを生で食べる。葉は湿布薬、ツルは編み袋材料になる。

秋のオハウの
具材に

カルシ

【karus】キノコ類

マイタケ、タモギタケ、ムキタケ、スギタケなどを食べた。呼び名はカルシの前に、生える木の名前をつける。単にカルシと言う時はシイタケを指す。

道南では
重要な食材

ヤム

【yam】クリ

北海道で自生するのは道南から日高地方にかけての太平洋沿岸域。この地域では茹でて食べるほか、干して保存し、冬の大切な食料としてきた。

農耕／食料の不足を補う副次的労働
小規模な農耕によって野菜や穀物を得た

家事労働の一環として女たちが耕作を担った

アイヌの食生活は大部分が狩猟採集によるものだったが、作物の栽培も古い時代から行われていた。ただしそれは自然界から得られる食料の不足を補うための補助的な生産にとどまる。女性の家事労働の一環として、家の近くの土が軟らかい土地を耕地とし、無施肥《むせひ》で育てた。

最も重要視されたのは稗《ひえ》だ。女性の穀物とされ、現在の稗と違って穂が大きい。次に重要だったのは男性の穀物とされた粟《あわ》だ。合わせて神聖な夫婦の穀物と言われ、尊重された。

そのほかにはキビ、豆、ソバ、麦、アタネなども作った。アタネはアイヌ民族が古くから栽培していたカブの一種だ。ジャガイモ、タバコ、ダイコン、ニンジン、ネギ、カボチャなどは江戸時代に北海道に入った和人の影響で栽培が始まった。

穀物はたいていサヨにして食べたが、神聖なものである稗は酒、キビはシトギの材料にし、カムイノミやイオマンテなど正式な儀式に供された。

耕作地を耕す女性たち。金属製のクワや鍬を持たず、樹木やシカのツノで作ったシッタㇷ゚と呼ばれる道具で土を掘って、種を蒔いていた。

アイヌ民族博物館蔵

とろみのある
サヨになる

ムンチロ

【munciro】アワ

そのまま炊くより、臼で粉にしてからサヨや団子にした。神に供えたり、酒も醸した。

神が贈ってくれた
作物

ピヤパ

【piyapa】ヒエ

サヨや堅い飯にするのに適している。オキクㇽミカムイが人間に与えた作物とされる。

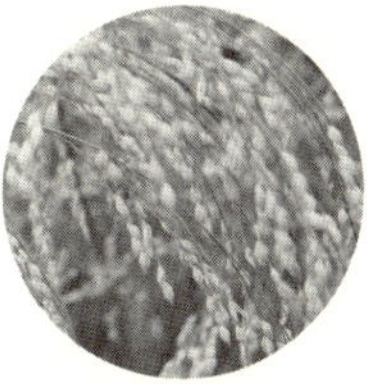

イネのような
穂に実る

メンクㇽ

【menkur】イナキビ

日本には弥生時代に渡来した。黄色く粘り気のある実が、料理に彩りを添えてくれる。

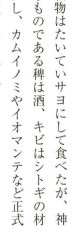

【住】生活の身近にある自然の材料で建てる伝統的家屋の秘密を紐解く

生活しやすい立地に自然素材で建てられた家

チセとはアイヌ語で住居・建物などを指す言葉である。故・萱野茂氏によればチ＝我ら、セッ＝寝床であり〝我らの寝床〟を意味しているという。いつ頃からアイヌの人々がこうした家を建て始めたのかは不明だが、自然環境から身を守るための知恵が詰まったものである。

家の材料となるのは身近にある自然素材。例えば北海道の白老地方などでは木や萱で建物を組み立てて、ブドウのツルで柱と桁《けた》、梁《はり》を結わえてチセを造った。現在は住まいとして用いられてはいないが、白老や二風谷《にぶたに》などのアイヌ関連の博物館や資料館で復元されたチセを見ることができる。

またアイヌは家を建てる立地にも気を配っていた。食糧が得やすい大きな川や、海に注ぐ河口の近くにコタンと呼ばれる集落を形成したが、洪水が起きないような高台などを選んだ。そして湧き水などに恵まれた場所で生活をしたのである。
集落は数戸から十数戸程度から成り立っており、それが各地に点在していた。そして村長を中心に秩序ある生活を営んでいたのである。また、村にはクマ檻や食糧庫、男女別のトイレ、物干しなども作られていた。

集落に作られたプ【pu】＝食糧庫

穀物や干し魚、海藻などの食糧を貯蔵した食糧庫は「プ」と呼ばれる。生活を支える大切なものであり家の南窓に面した見通しの良い場所に配置された。湿気やネズミを避けるために高床式になっており、柱にはネズミ返しがある。屋根や壁の素材は萱、床は丸太。使用しない時は梯子をはずしておく。

見かけより頑丈に作られている

チセ

【cise】家

二風谷のチセ造り職人・尾崎剛氏によると、家の柱などは目検討でバランスを見極めて建てるのだという。頑丈な作りで災害などで簡単に倒れることはない。写真は萱野茂二風谷アイヌ資料館のチセ。

幾つかのチセで形成される

コタン

【kotan】集落

時期は不明であるが、かつての北海道・白老町のコタンを撮影したもの。アイヌ民族はコタンの周りにある山、川、海などで狩りや漁を行い、山などで植物を採集して生活していた。

アイヌ民族博物館蔵

地域によって
素材が異なる

チセ造りの様子

チセ造りの様子。骨組みの木はハシドイやヤチダモなどを利用した。材料の収集から完成まで、チセ造りは集落の人々が皆で力を合わせて行っていた。チセの造り方は地域によって若干異なっている。

アイヌ民族博物館蔵

チセの構造と内部の空間、囲炉裏を中心とした暮らし

チセを建てる場合の順序は、まず基準となる柱を建てることから始まる。ホタテの貝殻などを使って地面を掘り、土の中にしっかりと固定。柱の高さを決めると後は目検討で水平になるように残りの柱も建てていく。木材は垂直ではないので目で判断した方が合理的なのだ。そして桁《けた》と梁《はり》を乗せて三脚を立てて重心をとる。家の骨格が出来上がったら、ヨシやアシなどで葺き上げる。屋根は四方向に勾配をつけた寄棟造りがチセの特徴。ブドウのツルなどでしっかりと締め上げた建物は頑丈で、強風などでも崩れることはない。

そしてP60の図のように内部は四角形の一間になっており、大体中心に囲炉裏が作られた。萱野茂氏によるとアペソプキカラ(火の寝床作り)と呼ばれる大切な作業のひとつだったという。それはアイヌにとって火の神は最も大切だからである。

そしてチセには窓が3つ設けられた。入口近くの窓は濁り水を捨てる窓。次の窓は太陽の光を受ける窓。そして玄関から正面の窓は神窓。神様が出入りする窓といわれるが、萱野氏は、ただ上座の方にある窓〝上窓〟を指しているとも述べている。各地に復元された伝統的家屋を訪ねると往時の雰囲気を感じることができる。囲炉裏や壁

にはイナウと呼ばれるリボン状の木幣が多く見られる。これは樹木を削ったもので神界では金銀の宝物に変わるとされている。神への祈りを伝える大切な祭具として受け継がれている。

一般的なチセの間取り

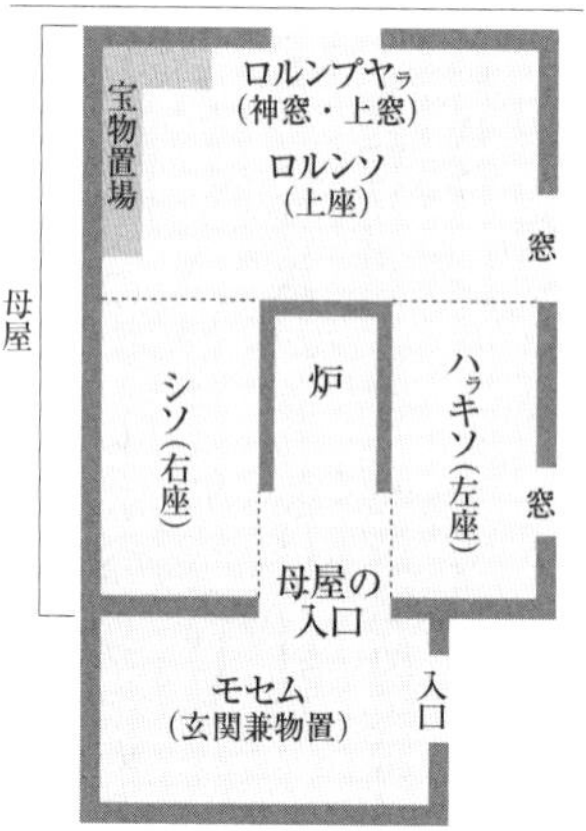

家族が座る場所、客の席、寝る場所が決められていた。主人が座る場所は基本的に右座。また宝物置場には交易などで手に入れた漆器や刀などを飾り、その上に家の神様を祭った。

生活の中心となったアペオイ【apeoy】＝囲炉裏

囲炉裏はアペオイ(火を入れる場所)と呼ばれて大切にされた。囲炉裏にはラッチャコと呼ばれるホタテの貝殻で作った灯明台が灯り、その上で鮭などを吊るして燻製にした。そして鉄鍋を使って様々な料理を作り、味わった。囲炉裏端にはイナウが捧げられ、アイヌは道具作りなども行った。まさに囲炉裏は生活の中心にあったのである。また右の間取り図のように一般家庭では玄関と囲炉裏はつながっていた。これは土足で囲炉裏まで歩いて行けるためである。

【信仰】アイヌ民族は人間に影響を及ぼす全てのモノ・コトに神を感じる

カムイの恩恵に感謝し儀式を通してもてなす

アイヌ民族は、この世にある全てのモノに霊魂が宿っていると考える。なかでも人間の力が及ばないもの、恵みを与えてくれるもの、生活に不可欠なものなどをカムイ（神）として敬う。自然現象、動物、植物、さらに鍋や臼、舟など人間が作った道具にも数々のカムイが存在し、人間を庇護したり、食料をもたらしたり、時には試練を与えたりする。

カムイと人間は一方的な関係ではない。人間はカムイが喜ぶイナウや酒、ご馳走などを贈る。もてなしが手厚いほど神の国での格も上がるそうだ。だから多くの贈り物がもらえるよう人間の祈りを聞く。

カムイへの祈りの儀式はカムイノミという。最初にまず火の神に祈り、その後、それぞれの神に祈る。

一方、病気や災いをもたらす悪いカムイが近づくと困る。それらは呪術的儀礼を通して追い払うのだ。

神へ祈るための祭具〝イナウ〟【inaw】＝木弊とは？

イナウは、木の皮を剥ぎ、表面を小刀で削ってリボン状の房（キケ）を作ったものである。カムイや先祖に祈る際、毎回新しく制作して供える。カムイモシㇼに届くと金銀の宝物に変わるとされ、酒と共に神々が最も喜ぶ贈り物だ。祈りの内容を神に伝えるメッセンジャーの役割も果たす。

使われる木はヤナギ、ミズキ、キハダなど。キケの形状や量は神格に応じて様々だ。

イナウ

イナウは木製の祭具のひとつ。神が最も喜ぶ捧げ物だが、神自らは作れないことになっており、神は人間からイナウをたくさんもらうことで神の国で地位を高めるものと考えられていた。イナウに似た祭具は日本を含む東アジアとユーラシア西域にも見られる。

アイヌ民族博物館蔵

神に祈り、見守られるアイヌの世界観

神々の世界
【kamuymosir】

カムイモシㇼ

カムイはふだん、カムイモシㇼで、人間と同じ姿をして人間と同様の暮らしをしながらアイヌモシㇼを見守っているとされる。鮭やシカなどの食料を降ろしたり、時には動植物、モノなどに化身して人間の世界にやってくる。

相互関係

カムイは贈り物を喜び、楽しんでくれる。そして鮭などのお土産を人間界に贈ってくれる。

トゥキとイクパスイ。イクパスイは人間の祈りの足りない部分を補い、雄弁に語ってくれる。

人間の世界
【aynumosir】

アイヌモシㇼ

人間が暮らしているのがアイヌモシㇼである。ある神話によると、地上にまだ何もなかった頃、人々の調和する大地を作ろうとカムイたちが相談した。男神の大地の神、女神の植物の神が、犬の神、フクロウの神と共に創造にあたった。

【イオマンテ】命を生かす糧への感謝を込めて行うアイヌにとって最大の儀式

神の国への土産をたくさん持たせて帰す

カムイは人間の世界に行きたくなったら、動物や植物、道具などに仮装する。黒い衣装を着ればクマ、赤い衣装を着ればキツネの姿になる。

その動物の毛皮や肉、脂などは善い人間のためにカムイが携えてくる贈り物だ。人間はカムイの霊と肉体を分ける（つまり殺す）ことで贈り物を受け取り、感謝の言葉と共に、イナウや酒、ご馳走などを土産に持たせてカムイモシリへ送り帰す。これを広義のイオマンテという。もともとは「それ（霊）を

アイヌにとって最大の儀式

イオマンテ

【iomante】熊の霊送り

イオマンテは晩秋か１～２月に行う。贈り物のひとつである花矢でクマを射て、酒や干し鮭、ご馳走などを供え、歌や踊りでその霊を楽しませる。儀礼に沿って解体した後は、頭部も美しく飾る。尊い肉を皆で分けて儀式は終わる。

アイヌ民族博物館蔵

行かせる」という意味である。

もてなされ、たくさんの土産をもらったカムイは喜び、再び人間界に行こうと考える。何度も人間界と行き来すれば、イナウなどの宝物も増えていく。人間界の豊かさ楽しさを語り聞かされたほかのカムイたちも、そんなに歓待してくれる場所なら自分もぜひ訪れたいと思うだろう。

イオマンテはフクロウ、シャチなどにも行うが、最大かつ最重要なのがクマに対してのものだ。一般にイオマンテと言えば、このクマ送りのことを指す。

対象は穴グマ猟で捕獲した子グマである。山から連れ帰った子グマは、2〜3年間大切に育てられる。カムイからの預かりものである子グマがいれば、コタンも豊かになると信じられた。親元の国に帰すには、幾日も前から酒を仕込み、イナウを作り、多くの土産や飾りを用意する。そして当日は、コタンの人々総出で祈り、歌い、踊り、酒を酌み交わして、盛大な儀礼で送り出すのだ。

また、親グマを含め、狩りで仕留めた獲物を送る儀礼はホプニレ、不要になった日用道具や祭具、小動物を送る儀礼はイワㇰテという。そのほか、炉の灰、稗や粟のぬかも決まった場所に置いて、カムイモシㇼに送られていた。

イオマンテのためのクマを育てるヘペㇾセッ【heperset】＝子グマの檻

クマは神の国からアイヌのところへ、毛皮という広い風呂敷に、肉と薬を包み、背

子グマの檻
ヘペレセッ
穴グマ猟の際に捕えた子グマはコタンに連れ帰り、小さいうちは屋内、成長すればば家のそばに作ったヘペレセッという檻で大切に飼育する。食べ物は人間と同じで、玩具なども与える。
アイヌ民族博物館蔵

負ってきてくださる神とアイヌは考えていた。そして前述したように子グマはカムイからの預かりものであるため、飼育には夫婦であたる。子グマが小さい頃は屋内で育て、成長するとヘペレセッという檻で育てるのだ。ヘペレセッはどこに作ってもよいわけではなく、屋外にある神聖なヌササン（祭壇）に近く、家の中の主人の座からよく見える場所に作られた。最初に高床になった檻の底部分（セッ）を作り、四方に丸太を組み上げる。ヘペレチセとも言う。

【楽器】アイヌ民族に伝わる楽器の音は自然そのものを表現している

演奏者の思いを乗せた音色が自然を讃えて響きあう

アイヌの楽器として最もよく知られるのがムックリだ。これは笛でも弦楽器でもない。東アジアやユーラシアを中心に世界各地で使われた口琴の一種で、口にくわえて弁を弾き、口腔内で共鳴させて音を出す。

ムックリは主に竹で作られ、紐を引っぱって弁を振動させる。舌の位置、口の形、息の出し入れなどで音色は変化する。イルカの声、雨だれの音、親グマが子グマを呼ぶ声、ハクチョウの渡りの声、積んだ材木が崩れる音など、自然の音を表現することが多い。また言葉にできない思いをムックリの音色に乗せ、恋歌のかけあいをすることもあったようだ。昔は歌や踊りの伴奏にもした。

トンコリはもともと北海道北部やサハリンで使われた木製の弦楽器だ。弦は5本が一般的だが、3本や6本のものもある。これも動物の鳴き声や川のせせらぎなど自然界の音を模倣して、そこに演奏者の思いを重ねた。昭和30年代に復元されてからは、北海道の各地に演奏者が増えた。

カチョはヤナギの枝で作った枠に動物の皮を張った団扇太鼓。サハリンのアイヌが巫術《ふじゅつ》の際に使った。

いずれも自然の営みに神を感じてきたアイヌらしい楽器である。

夜泣きする子供を驚かせるキサラリ【kisarri】＝耳長お化け

キサラリとは「耳が高い」という意味のアイヌ語。鎌の刃の部分に黒い布を巻いてくちばしのように見せ、左右には赤い布を巻いた耳をつけて作る。柄を持って家の窓の外からチラチラとのぞかせ、「ウォーウォー」と〝この世のものとは思えないような声〟を上げて子供を驚かせる。夜泣きしてやまない子供も、あまりの恐ろしさにビックリして泣き止むそうだ。子育てに使用する道具のひとつである。

五弦を張った
弦楽器の一種

トンコリ

【tonkori】堅琴

本体の素材はイチイ、エゾマツ、ナナカマドなど。弦はイラクサの繊維や動物の腱が使われる。鏡板に開けた小さな穴はトンコリのヘソ、中に入れたガラス玉はトンコリの魂。各部位も頭、首、肩、尻などと呼ばれる。

平取町立二風谷アイヌ文化博物館蔵

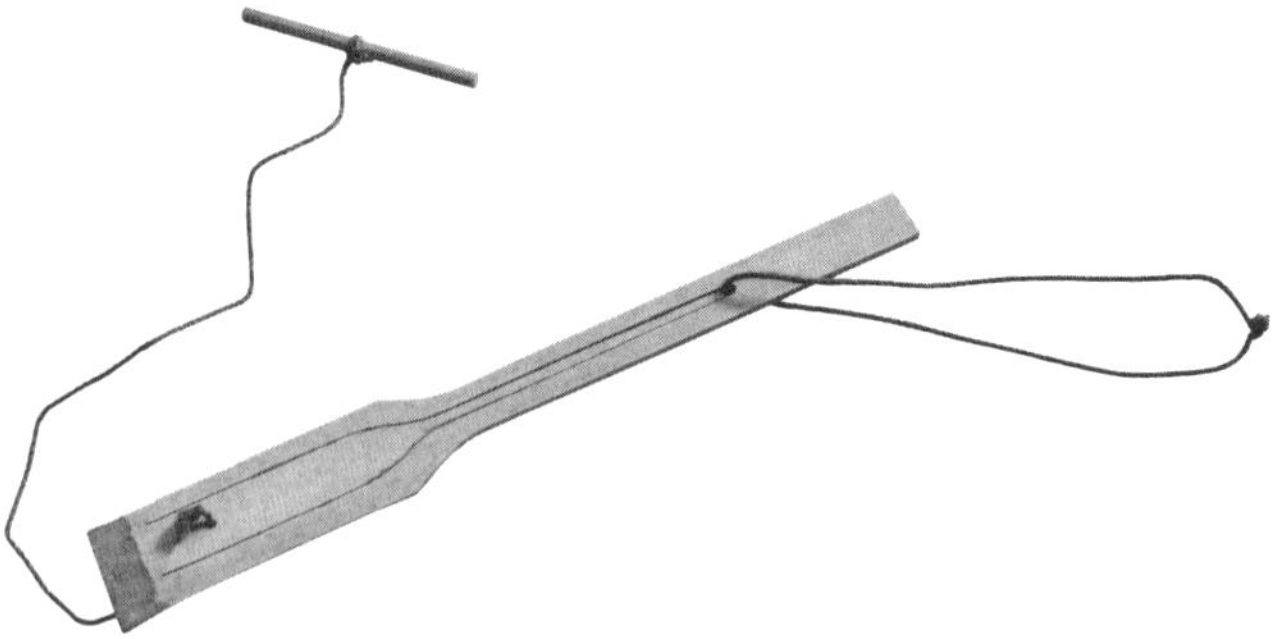

雨音、動物の鳴き声など変幻自在

ムックリ

【mukkur】口琴

長さ10～15㎝、幅1.5㎝ほどの竹片の中央に切れ込みを入れて弁にし、弁につけた紐をリズミカルに引いて鳴らす。昔は堅い木でも作られた。サハリンでは金属製。口への当て方、紐の引き方など扱いに慣れないと全く音は出ない。

アイヌの楽器ムックリ

口琴を奏でる女性

ムックリは女性が奏でる場合が多かった。自然に材を得た音色を、口の中を操作して自在に響かせた。同じ仕組みの楽器はインドやネパールにもある。

アイヌ民族博物館蔵

【踊り】カムイを喜ばせ、ともに舞う
アイヌの人々にとって歌と踊りは一体

全ての歌と踊りは祈りと楽しみを兼ね備える

アイヌの人々は歌と踊りを大切にしてきた。この2つはほぼ一体のもので、歌が始まれば自然と皆で踊る。儀式で奉納するもの、動植物をモチーフにしたもの、娯楽として行うものなど様々あるが、皆、目には見えないカムイと共に行い、喜ばせるためにある。

白老地方など道南エリアでは、歌って踊るのをウポポ、特別に重要な儀礼的歌舞はリムセと呼び分けている。ウポポは「互いに跳ねる」という意味で、最初は座った状態で手を叩いて歌い、やがて興が乗ってくれば立ち上がって賑やかに歌い踊る。またリムセは「ドンと音をさせる」意で、もともとはコタンに変事があった時などに刀を振りかざし、足を踏み鳴らして踊った悪霊祓いが元になっていると考えられている。

歌は歌詞のあるもののほか、意味は持たない発声だけのものも多い。自然の音は全

だんだんと大きな輪になって

イオマンテリムセ

【iomanterimse】熊の霊送りの踊り

イオマンテでは、子クマの檻をめぐる踊りに始まり、霊の旅立ちを祝う様々な歌と踊りが捧げられる。夜更けに及ぶ宴では、盛り上がるにつれ多くの人たちが次第に立ち上がり、大きく輪になってイオマンテリムセを踊る。

アイヌ民族博物館蔵

てカムイが発するものであり、なんらかの意味がある。だから、動物のしぐさや声なども歌舞の重要なモチーフになる。

例えばイオマンテで踊るリムセでは、儀式の進行やクマへの励ましを歌う歌詞もあれば、クマのカムイが好むとされる、意味の取れない歌もある。人間にしか通じない言葉は使わずとも、カムイに思いが伝わればいいのだ。儀式の終わりには自分の踊りの力量をカムイに向けて示す、激しい競い踊りも行われた。

ツルやクジラ、ウサギ、キツ

ネ、ネズミ、バッタなどの動きをモチーフにした歌舞もある。「ツルの舞」は北海道全域で行われており、羽根を広げて乱舞する振り付けが印象的。タンチョウヅルは、アイヌ語で〝サロルンカムイ〟。「湿地にいるカムイ」の意味で、主に日高山脈以南に冬期に飛来してくる。ツルはクマと仲が悪いとされ、クマに悪さをされている人間を助けてくれたという言い伝えもある。演劇的な内容は、それぞれのカムイに人間界に来たらどう振る舞ったらいいかを伝える呪術的要素を内包している。また、野山で山菜を採取する時、酒を仕込む時などの歌と踊りも、一般に言うところの労働歌とは違い、いずれもカムイに捧げる祈りにほかならない。

鯨が舞い踊る？ フンペリムセ（鯨の踊り）【humperimse】

寄りクジラや流れクジラの到来を願う演劇風の踊りである。クジラ役の人は中央に寝ころび、カラスがそれを見つける。カラスの神からそれを聞いたフチ（おばあさん）は、マキリ（小刀）を携えて行き、クジラを解体していくというストーリー。

【生と死】和人とは大きく違う死生観
死者は祖先たちの住む世界へと旅立つ

アイヌ民族は霊の存在、死後の世界を信じる

まず、かつてのアイヌ民族の一生を俯瞰してみよう。アイヌの女性が出産する時は産綱につかまりながら分娩。母方の女性たちが出産の手助けをしたといわれる。男女とも15～16歳で成人して、男性は褌《ふんどし》をしめ髪を整える。女性はモウㇽという下着をつけ、成人になった証とした。アイヌの結婚適齢期は男性17～18歳、女性15～16歳。結婚すると家を出て別に住み、核家族として暮らした。そして人が死ぬと土葬で埋葬し、一墓一体が原則。家族、夫婦で合葬することはなかった。

アイヌの考え方では人間が死ぬと肉体と霊が分離して、肉体はこの世に死者として残り、霊は先祖が住むあの世へと旅立つ。あの世はパㇰナモシㇼ、ポㇰナモシㇼなどと呼ばれ、地下にあると考えられていた。北海道の各地にはアフンルパㇽ、オマンルパㇽという地名、地形が残っているが、あの世への入口を意味している。

あの世への入り口

アフンルパㇽ

【ahunrupar】

白老町虎杖浜のアヨロ海岸にある、あの世への入口アフンルパㇽ。かつては岩場の中に洞窟があったが、今は砂に埋もれて見えない。北海道の各地には同じような、あの世への入口があり、そのほとんどは横穴である。

死後の世界では季節や昼夜が逆転しているほかは、現世の世界と同じように人々が村を作り暮らしていると信じられた。葬儀では亡くなった人の家や家具、衣服を燃やして死後の世界で使えるようにする。古くは墓参りの習慣はなかった。先祖供養は決まった時期にすることはなく、ほかの儀式などの時に行われた。

病魔から子供を守るための名前

子供が生まれると、すぐには名前を付けないで、泣き声からとった「アイアイ」または「シポ・ポイシ（小さな糞）」「シオン（古い糞）」などと呼んだ。あえてこうした汚い名前をつけるのは病魔を遠ざける意味があった。本当の名前を付ける時にはその子の特徴や、その子の将来に対する親の願いを込めて命名した。

様々な神に安産を祈る

出産

女性が妊娠すると２～３カ月目に妊婦と胎児の健康を神々に祈った。５カ月目には着帯の祈り、７カ月目には妊婦の身体を祓い清める儀礼など、節目ごとに神々に安産を祈った。

アイヌ民族博物館蔵

大切に育てられる子供

育児

赤ん坊の産着には古いぼろきれを使った。肌に優しく、魔除けの意味もある。子供は大事に育てられ、遊びのなかで男の子は狩猟の仕方を、女の子は文様を描く練習をした。

アイヌ民族博物館蔵

一墓一体の形で埋葬される

墓標

アイヌの墓はひとつの墓に一人が埋葬される。死者が出るとその人のための墓が新たに作られた。墓標は地域によって違い、白老では男性は槍の穂先、女性は縫い針の頭の形をしていた。

アイヌ民族博物館蔵

【言葉】言語学者・中川裕先生に聞く口承によって受け継がれるアイヌの言葉

そもそもアイヌ語とはどういう言葉か

アイヌ語は本来、文字を持たない言語で口承によって伝えられてきました。文字を持つ民族では、もともと文字は特権階級が持つものでした。アイヌ社会には特権階級がなかったため、王の事績や税金の記録など支配の道具としての文字は必要なかったのです。アイヌ語は系統的に孤立した言語で、親縁関係にある言語がありません。日本語とは互いに借用による似た言葉はありますが、系統関係はありません。文法上の特徴は大きく分けて①人称接辞で義務的に人称を表す。②譲渡可能なものと譲渡不可能なものを言い分ける。③目的語をとりこんで新しい動詞を作ることができる抱合性を持つ。④場所と場所でないものを厳密に区別する、の4つです。

「カント オロワ ヤク サㇰ ノ アランケㇷ゚ シネㇷ゚ カ イサㇺ」

という文章の場合は、カント＝天、オロワ＝から、ヤク＝役目、サㇰ ノ＝なしに、ア

ランケプ＝誰かが降ろしたもの／降ろされたもの、シネプ＝ひとつ　カ＝も　イサム＝な

押さえたい4つのポイント

1 人称接辞で義務的に人称を表す

名詞や動詞には人称接辞をつけて「私が」とか「あなたに」などを表す。これは義務的なもので省略できない。例えば「これをあげる」ではなく、「私がこれをあなたにあげる」のように誰のものか、誰が行うのかを常に明確にしなければならない。

2 譲渡可能と不可能なものを言い分ける

所有表現の際、譲渡可能なものと不可能なものを言い分ける。譲渡可能なものとは、所有品のように他人に渡せるものであり、譲渡不可能なものとは、自分の手や身体のように、他人に渡せないものである。それぞれ所有を表す表現が違う。

3 ほかの単語を取り込むことができる抱合性

抱合性とは、動詞の中に目的語などほかの単語を取り込んで、新しい動詞を作ることのできる性質である。アイヌ語では、例えば「人を探す」という言葉から、「人探す」という“動詞”を比較的自由に作ることができる。

4 場所と場所でないものを厳密に区別する

例えば「鍋に水を入れる」とは言えない。どういうことかと言うと、鍋は場所ではなく物だからである。「鍋の中に水を入れる」と言わなければならない。同じく「床に座る」とも言えない。「床の上に座る」と言わなければならない。

い。となります。アランケプの「ア」が人称接辞で、全ての物はこの世に役割を持って存在しているという意味になります。

日本語との大きな違いは、最後が子音で終わる単語があることです。sap「出る」sat「乾く」sak「夏」の最後の子音は、英語などと違って息を出さない（開放しない）ので、日本語話者の耳にはとても聞き分けが難しくなっています。

どんなところが日本語と違うのか

日本語とアイヌ語はどちらも系統的に孤立している言語です。ユーラシア大陸にはモンゴル諸語、テュルク諸語、中国語、インド・ヨーロッパ諸語など大きな言語圏があります。これに対して、日本語、朝鮮語、アイヌ語などの孤立言語が、大陸の東端の地域に固まっています。ほかの孤立言語としては、コーカサス諸語やバスク語のような山奥の地域の言語が挙げられます。日本語やアイヌ語の話されている日本列島は海に囲まれており、地理的にほかの言語からの同化をまぬがれて生き残ったと考えられます。

アイヌ語と日本語は地理的に近くにありますが、互いにあまり大きな影響は受けていません。両者で共通する点は語順だけといってよいでしょう。目的語は動詞の前に、修飾語は被修飾語の前に、助詞は名詞の後ろにという順番は同じですが、それ以外ではほとんどの点で違っています。アイヌ語が日本語と大きく違うのは前ページの4つのポイントですが、そのほかに「が」「を」にあたる格助詞がないことや、自動詞、他動詞の区別が厳格で「見る」や「食べる」などの動詞にまでその区別があることが挙げられます。日本語にはない区別なので、学習には非常に苦労する点です。ちなみに「ヒンナ」とはアイヌ語で美味しいものをもらった時などに、口にする感謝の言葉です。美味しい、旨いというよりも感謝の意味を持っています。

どのくらい話者がいるのか

アイヌ語のみを母語として話す母語話者は、残念ながらすでに存在しません。アイヌ語の方が日本語よりも得意という人は、辛うじて80代の人、数名が残っているだけです。しかし、勉強してアイヌ語を話すことができるようになった人は少なくとも数十人くらいいます。そのなかにはかなり流暢に話すことができる人もいます。

また話すことはできなくても耳で聞けばわかる人もいます。したがって、アイヌ語を理解できる人は思ったよりもっと大勢いるでしょう。

さらにアイヌ人以外のアイヌ語学習者を含めて数えれば、研究者や大学のアイヌ語講座の受講生、そして独学で勉強している人たちなど、北海道だけでなく全国におりますので、その数はもっと大きなものになります。母語話者だけを話者と考える「母語信仰」に陥らなければ、アイヌ語はまだまだ死語などではないと言えるのです。

アイヌ語にも方言があるのか

アイヌ語は大きく分けて北海道方言、樺太方言、千島方言に分けられますが、千島方言の話し手は早くにいなくなりました。北海道方言のなかでも地域によって違いがありますが、日本海、オホーツク沿岸ではほとんど記録がなく、実態がわかりません。残る太平洋岸、石狩川流域では、例えば、旭川と平取、平取と静内、静内と釧路の間などではいろいろな違いがあります。

アイヌ語の方言は、単語レベルでは日本語と比べてあまり大きくありません。方言による最も大きな違いはアイヌ語の特徴である人称接辞です。特に一人称主語と二人称目的語の組み合わせ（「私があなたに」「私たちがあなたたちを」等）は、方言ごとに全部違うといってもいいので、共通語を作ろうということになった場合は、これをどう統一するかが大きな問題になるでしょう。

ユカㇻ（叙事詩）とはどんな話なのか

アイヌは文字を持たなかったため、ユカㇻは口承により伝えられてきました。以前はユーカラ、現在はユカㇻ【yukar】と表記しています。人間が主人公で、少年が成長して冒険し英雄となる物語です。アイヌの人にとって最大の娯楽であり、楽しみにしているものでした。棒で拍子をとりながら歌い、間には聞き手が「ヘイッ」「ホオッ」などの合いの手を入れます。喉を絞った技巧的な声の出し方で歌われ、女がやるものではないと言われることもありますが、男女ともに多くの記録が残っています。

これと混同されることがありますが、カムイユカㇻという別のものがあります。これは動物や自然界の神が主人公で、アイヌの世界観を反映した、神と自然、人間の物語です。サケへというリフレインの句を繰り返し、その間に本文を挟んで物語を進めます。声はユカㇻのような技巧的な出し方はせずに、それぞれの独自のメロディに載せて歌われます。主に女性が歌うものです。

アイヌ語の未来は

アイヌ語の母語話者が消滅して、アイヌ語を話す人が少なくなったのは、社会環境による影響です。消滅させないためには、アイヌ語という独自の言語を話していることを当たり前の常識として、日本人全体が自覚することです。それを特別な目、奇異な目で見ることがない社会。そういう環境を作ることがアイヌ語の復興に最も寄与するでしょう。

アイヌ語を学ぼうとする人がいる限り、アイヌ語はこれからも存続していきます。長いこと故郷を離れアイヌ語も全く記憶に残っていなかったのに、余命一年と宣告されてからアイヌ語で歌を歌うことを決意して、一枚のアルバムを出した熊谷たみ子さんのような方もいます。こ

北海道の市町村名の8割がアイヌ語に由来

地名	アイヌ語	意味
赤平	ワッカピラ【wakkapira】	飲み水のある崖
磯谷	イソヤ【isoya】	岩礁の岸
小樽	オタオロナイ【otaornay】	砂浜の中を流れる川
札幌	サッポロペッ【satporopet】	乾いた広大な川
知床	シレトコ【siretoko】	大地の先端
苫小牧	トマクオマナイ【tomakomanay】	沼の奥にある川
美唄	ピパオイ【pipaoi】	カワシンジュガイのある川
富良野	フラヌイ【huranuy】	臭い匂いのする所
室蘭	モルラン【moruran】	小さい坂
稚内	ヤムワッカナイ【yamwakkanay】	冷水のある沢

れこそがアイヌ語復興への道でなくて、なんだというのでしょう。

熊谷さんのような人を突き動かしたのは、自分の出自、アイヌとしてのアイデンティティでしょう。では、アイヌではない人たちはどうしたらよいのでしょう。それはアイヌ語・アイヌ文化に興味を持ち、正しい知識を得て、アイヌ語を話したり聞いた

上／アイヌの人たちに狩猟や雑穀の栽培などの生活文化を伝えたとされる神様・オキクㇽミカムイ。平取町二風谷には降臨伝説が残っている。ハヨピラという崖の岩場は、オキクㇽミカムイが3頭のクマを岩に変えてしまった伝説の地である。下／“大地の先端”を意味する知床をオオワシが舞う。ワシの仲間はアイヌにとって特別な神。

りすることがちっとも特別でも不思議でもない社会を作るのに力を貸すことです。

今、私が漫画『ゴールデンカムイ』の監修を引き受けている理由のひとつは、この作品が多くの人に親しまれ、アイヌ語・アイヌ文化、そしてアイヌの歴史に興味を持つ人たちを増やして、そのような環境を生み出す一助になってくれるのではないかと直感したからです。

消滅の危機にある方言・言語といわれるが

2009年（平成21）にユネスコ（国連教育科学文化機関）は消滅の危機にある方言・言語について発表しました。そこでは世界では2500以上の言語がその危機にあると指摘されており、日本国内ではアイヌ語や八重山方言、与那国方言などが含まれています。母語話者がすでに存在しない、実際に日常会話としてアイヌ語を使っている人はいないという点を考えると、アイヌ語は消滅の危機にあることは間違いないですが、その言葉を学ぼうという人が絶えない限り言語は消滅しません。その証拠に各地のアイヌ語教室などに参加する人も多いのです。

北海道の地名とアイヌ語

　地名に多く使われているアイヌ語は「ナイ」「ペッ」「ウシ」「マイ」などです。「ナイ」「ペッ」は川という意味。アイヌの人たちは川の流域沿いに住んでいたので、「ナイ」「ペッ＝ベツ」をつけた地名は、稚内、苫小牧、登別、紋別など、数多く残されています。

「ウシ」もアイヌ語に由来しています。～のある場所という意味で、美馬牛などの例があります。「マイ」はオマイ（ある所）から来ており、「イ」は川を意味します。新ひだか町の鳧舞《けりまい》などの例があります。

上／「オルシペ　スウオプ」はアイヌ文化振興・研究推進機構が製作したアイヌのお話アニメ。HPから動画を見ることができる。右／アイヌの音楽家たち。OKIは樺太アイヌの伝統弦楽器「トンコリ」を演奏、アイヌ音楽の魅力を広めた。熊谷たみ子は名曲「Amazing Grace」をアイヌ語で歌った。

第二章　北海道の歴史とアイヌ民族

旧石器時代から古代国家へ
アイヌへの道をたどる

縄文時代から現在まで続く人の歴史

１８６９年（明治２）、北海道本島の開発に着手し始めた明治政府は、この地を〝北海道〟と名付けた。しかしこうした開拓史観は、先住民族であるアイヌを無意識に捨象してしまう可能性がある。アイヌの人々はこの土地をアイヌモシㇼ（人間の大地）と呼んで独自の文化を築いて生きてきた。そこには和人とは異なる文化が存在し、現在日本史とされている歴史がひとつの側面でしかないことを示唆している。

北海道本島は日本列島の北限にあり、本州との間に海峡があるため異なる歴史の変遷をたどってきた。そもそも北海道に人が住み始めたのは２万５０００年以上前のことで、陸続きだったサハリンや大陸などから獲物を追って人々が移動して来たとされる。そして旧石器、縄文、続縄文文化を経て、７～８世紀頃に成立したのが擦文《さつもん》文化と呼ばれるものだ。これは本州の土師器などに影響を受けた擦文式土器を使用したのが特徴で、北海道全域、東北北部を文化圏としていた。本州との交易も活発に行われ、鮭やマス類、禽獣の羽毛などの獲得が行われたという。また、鉄器の流入なども生活に大きな影響を与えただろう。それと並行して存在したのがオホーツク海沿岸から千島列島にかけて展開したオホーツク文化。ロシアのアムール川流域などを出自とする民族が担ったといわれ、彼らは縄文とは異なる刻文などの文様がつけられた土器を使

北海道と本州の時期区分表

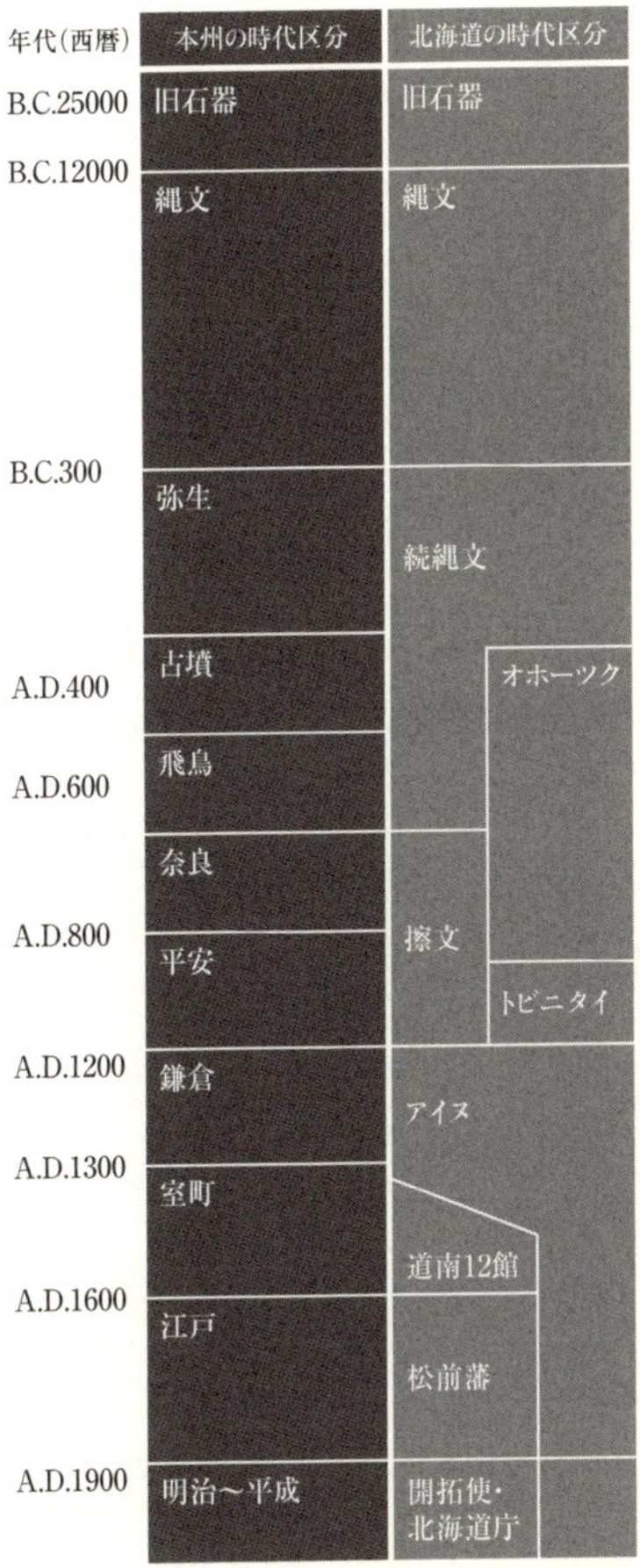

参照／「アイヌ民族の歴史」（山川出版社）

っていた。そしてその後13世紀から14世紀頃に伝統的なアイヌ文化とされる社会が成立したとされる。

アイヌ民族がいつ、どこから来たのかといった議論があるが、それぞれの時代を担った人々は連綿としてつながっている。そして当時、北海道における大規模な人の移動、交替は確認されていない。つまり縄文文化からの担い手が、何らかの形で現在のアイヌ民族につながっていると考えられている。

【擦文文化】
壮大な景観を誇る竪穴集落
西月ヶ岡遺跡《にしつきがおかいせき》

根室市郊外の標高20〜30mの台地にある擦文文化の時代を中心とした集落跡。大小約350基の竪穴群が密集している。今から1300年ほど前の擦文文化後半のものと考えられる。竪穴はいまも窪みとなっていて、壮大な景観をなしている。

根室市歴史と自然の資料館

北海道唯一の国宝指定「中空土偶」の秘密

縄文時代後期後半の墳墓から出土した土偶で、1975年（昭和50）、地元の主婦によって作業中に偶然発見された。高さ41・5㎝、幅20・1㎝、重さ1745gと国内最大級の大きさを誇り、薄く、精巧な作りで写実的。文様の構成も優れている。縄文時代後期の土偶造形の到達点を示す極めて貴重なもので北海道唯一の国宝に指定されている。

【旧石器時代】
B.C.2万5000〜B.C.1万2000年頃

黒曜石で作り出された石器

白滝遺跡群出土石器《しらたきいせきぐんしゅつどせっき》

黒曜石の原産地である遠軽町白滝地域に90カ所以上分布する遺跡群から出土。その石器は輝いて美しく、原石から石器を製作する過程を示してくれる。旧石器時代は狩猟を中心に自由に動く生活を送っていたと考えられる。

写真／佐藤雅彦　提供／遠軽町埋蔵文化財センター

【縄文時代後期】
B.C.1000年頃

埋葬習俗や装身文化を伝える

西島松5遺跡土坑墓出土品《にししままつごいせきどこうぼしゅつどひん》

恵庭市西島松を流れる川で実施した発掘調査により、縄文時代後期後葉～晩期前葉の土坑墓群から副葬品として漆製品、土器など多数の遺物が出土した。東北地方と北海道の埋葬習俗や装身文化などを伝える貴重な資料。

北海道立埋蔵文化財センター

【続縄文時代】
B.C.300～A.D.600年頃

人、舟、魚など800以上の刻画

フゴッペ洞窟の刻画《ふごっぺどうくつのこくが》

岩壁に刻まれている刻画は、人が仮装したようなものから舟、魚、4本足の動物のようなものまで800以上にのぼる。特に角や翼で仮装した人像が多く、シャーマンを現したものと推測されている。

余市町教育委員会

【オホーツク文化】
A.D.400～B.C.800年頃

海獣の牙を加工して作られた
湧別町《ゆうべつまち》・川西遺跡出土《かわにしいせきしゅつど》の牙製《きばせい》クマ《くま》像《ぞう》

オホーツク文化の骨角器の代表作ともくされるのが、この牙製クマの像である。クマはアイヌ民族にとって森の神(キムンカムイ)とされる神聖な動物で、この像は海獣の牙を加工して作られている。

網走市立郷土博物館

【擦文文化】
A.D.600～A.D.1200年頃

約1300年前の擦文文化の土器
西月ケ岡《にしつきがおか》遺跡出土《いせきしゅつど》の擦文土器《さつもんどき》

1982年(昭和57)の発掘調査で西月ケ岡遺跡から出土した擦文文化の土器で、約1300年前のものということがわかっている。擦文は北海道を中心とした独自の文化で、土器に縄文はつけず木片で表面を整えていた。

根室市歴史と自然の資料館蔵

中世の北海道とアイヌ
アイヌ民族と中世国家が入り交じる時代

アイヌと和人の交易その活発化と争い

今日における伝統的なアイヌ文化とされる生活や社会、それらを取り巻く信仰などが形作られた時期が、13世紀から14世紀頃といわれる。本州の歴史でいえば鎌倉・室町時代にあたるが『新羅之記録《しんら》』には源頼朝《よりとも》に追われた藤原泰衡《やすひら》配下の者たちが蝦夷《えぞ》地に逃れ、その一部がアイヌになったとも記されている。また『諏訪大明神絵詞』によると14世紀の蝦夷には、日の本・唐子・渡党《わたりとう》の3つの集団がいたとある。渡党は箱館《はこだて》方面の蝦夷地南部に住んだ和人を差し、日の本と唐子はアイヌのことだという。鎌倉時代以前にも和人が蝦夷を訪れたことはあるだろうが、鎌倉以降になって、その移動が活発化したといえるのではないだろうか。

さて当時からアイヌ民族は盛んに交易を行っていた。その交易上の揉めごとで、アムール川流域まで勢力を伸ばしていた元《げん》と戦闘状態に陥った記録が残されている。ア

シャクシャイン以前のチャシ

桜丘チャシ跡《さくらおかちゃしあと》

標高70mの小高い丘にあり、尾根状地形の先端部に築かれた丘先式のチャシ（砦）跡。尾根を横切るように長さ42m、上幅12m、深さ3mのV字状の壕がある。シャクシャインの戦いより古い時代に築かれたと推定されている。

厚真町教育委員会

イヌ民族がもたらす製品は主にクマやシカ皮、ラッコの毛皮、昆布や干し鮭などの海産物。それらを米や酒などと交換した。交易の恩恵は渡島《おしま》半島周辺に住む和人だけでなく津軽海峡を隔てた和人の勢力をも潤していく。

そこに起こったのが１４５７年（康正３）のアイヌと和人の最初の戦い・コシャマインの戦い。志海苔《しのり》にある鍛冶屋がアイヌを殺したのが発端で、首長コシャマインに率いられたアイヌ勢が、渡島半島に和人の小豪族が築いた館・道南十二館《どうなんじゅうにたて》のうち十館を攻略した。渡島半島は北海道西部から内浦湾を抱き込むように南へ曲がる半島である。こ

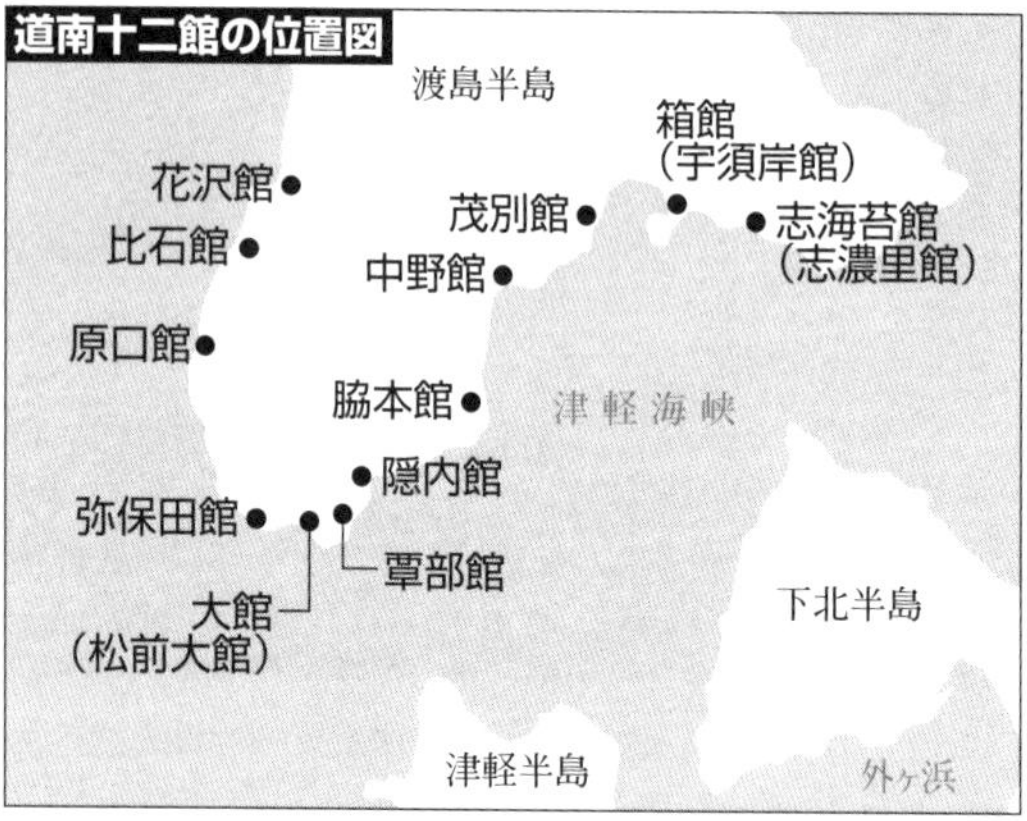

道南十二館の位置図

渡島半島にあった渡党領主の館。また松前藩の歴史を記した『新羅之記録』では十一の館があったことが記されている。

参考／『北海道の歴史がわかる本』（亜璃西社）

のエリアを中心に経済や領域支配の要であった館が点在していた。しかし花沢館主だった蠣崎季繁《かきざきすえしげ》の客将・武田信広（松前氏の祖・家督を継いで蠣崎信広となる）が、コシャマイン父子を殺害し、戦いを収束させることに成功。乱を鎮圧した信広は功績を認められ、同じ頃に大規模な館を築いて本拠地とした。これが現在は国指定の史跡となっている「勝山館」である。約35万㎡の広さを誇る敷地からは、30年以上にわたる発掘調査によって10万点に及ぶ出土品が見つかっている。勝山館は、16世紀末頃まで武田・蠣崎氏の日本海側における政治、軍事、交易の一大拠点となった。しかし注目したいのは、ここからアイヌが使っていた骨格器なども出土していることである。これは蠣崎氏たち和人とアイヌの多様な関係性を示唆するものといえる。

　こうして信広は蝦夷地の支配者へと上り詰めて行くが、この頃からアイヌと和人には交易の主導権を巡る争いが絶えず続いていた。コシャマインの戦い後も、アイヌは各地で戦いを繰り広げており、その攻撃は松前大館にまで及ぶこともあった。つまり長年の戦いによって、むしろ和人は居住域の縮小を余儀なくされており、蠣崎氏は実際には劣勢に立たされていたという見方もあるのだ。

松前藩の成立は喜べぬこと
不利益な和人支配、そして戦い

小豪族から大名へ蠣崎氏の栄達とアイヌの交易

コシャマインの戦いの後、和人勢力を掌握したのは、勝山館の館主であった蠣崎《かきざき》氏だった。武田信広は蠣崎氏の娘と結婚し蠣崎信広と名前を変え勝山館の館主となるが、息子・光広以降の後継者は、権謀術数を弄して渡島半島西端部の支配を確立していくことになる。

蠣崎氏は豊臣秀吉にラッコの毛皮を献上品として贈るなど巧みに取り入った。この頃、アイヌ勢力と和人勢力との大規模な争いは影を潜めていた。蠣崎氏が和人の商人から徴収した税金をアイヌ側にも配分する制度を進めたことによる。そのため、アイヌの不満はいくぶん解消され、関係が修復されたのだ。

蠣崎氏が名字を松前に改めたのは秀吉が亡くなった翌年の1599年(慶長4)。松前の姓は、徳川家康が松平姓であったことと、五大老の筆頭だった前田利家のそれぞ

低湿地帯での生活の様子

千歳市《ちとせし》美々《びび》8《はち》遺跡《いせき》の推定《すいてい》復元図《ふくげんず》

掘削した船着き場を囲む近世アイヌ期・千歳市美々８遺跡のアイヌ集落で、発掘調査の結果から推定復元した図。家や高床式倉庫があり、樹皮を晒す女、魚を突こうとしている男など、美沢川沿いの低湿地帯で営まれていた生活の様子がわかる。

北海道立埋蔵文化財センター蔵

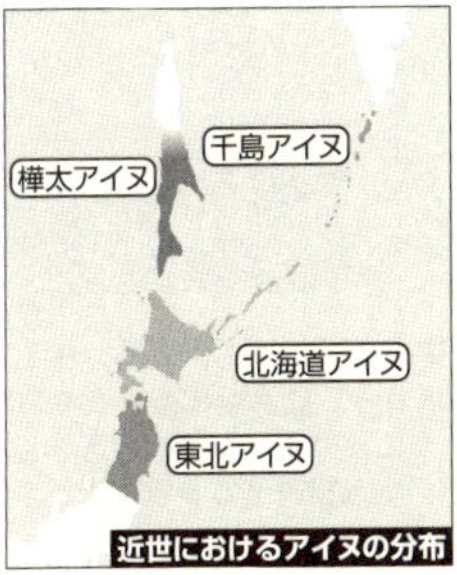

近世頃のアイヌの分布図

詳細な年代は不明だが東北、北海道、千島、樺太それぞれにアイヌの集団がいた。日本語に方言があるようにアイヌ民族も地域によって生活や言葉に様々な違いがある。

れ1字をもらったといわれている。家康が幕府を開くと蠣崎氏は抜け目なく江戸に参勤し、家康の家臣となり、松前藩が誕生する。さらに松前藩は、幕府からアイヌとの交易を独占する権利も認められた。

しかし、松前城下の藩の領域が明確でなかった。つまり、城下ではアイヌと和人が混在して住んでいた。それは、松前藩が管理しやすいように交易場所を松前城下に限定したからだった。ただ、幕府の巡見使が松前藩を視察するのを機に、和人地と蝦夷地を分けることになった。和人地には和人を、

アイヌ民族の“食べ物”を採る

アイヌ人之図《あいぬじんのず》

絵師・千島春里が描いたアイヌ漁猟の様子。「蝦夷人魚突の図」とも呼ばれる。江戸時代には多くの絵師がアイヌ絵を描き、なかにはアイヌと共に生活をして絵を残した人もいた。当時の風俗を知る貴重な資料である。

函館市中央図書館蔵

蝦夷地にはアイヌを分離する政策で、その行き来を厳しく制限したのである。

こうした過程で誕生したのが商場知行制《あきないばちぎょうせい》（P108参照）で、この制度の整備によって交易の形は大きく変わった。家臣たちへの報酬として、各地に商場でのアイヌとの交易を認めたのだ、それはアイヌにとっては不利益になる。つまり、松前藩以外との交易を禁止されたも同然だからだ。それまでの自由な交易ができなくなったばかりでなく、交易品の値段も次第に下げられていった。こうしてまたもや、アイヌの不満は蓄積していくことになる。

日本海屈指の湊として栄えた幻の都市・十三湊

青森県の十三湖一帯は13世紀から15世紀前半にかけて豪族・安藤氏が支配した地域だった。その交易の中心が十三湊《とさみなと》遺跡である。南方からもたらされる陶磁器や米、蝦夷地南部から運ばれてくる海産物のターミナルとして栄えた。その遺跡の規模は、南北2㎞、東西500mに及んでいる。

沙流川左岸段丘上で
発見されたチャシ跡

ポロモイチャシ跡《ぽろもいちゃしあと》

沙流川の淵(アイヌ語でモイ)地形下流端に作られた面崖式のチャシ。建物跡がみつかっており、出土品は唐津の大皿や金属製品など。近世アイヌ社会の一端をうかがい知ることができる。

北海道立埋蔵文化財センター

交易独占に対する大蜂起 〝シャクシャインの戦い〟蜂起から敗北まで

干鮭100本に対し米1俵が米7～8升の交換基準に

松前藩によって和人に有利な交易体制を強制されることに、アイヌ民族は長年にわたって不信を募らせていた。その怒りを爆発させた大蜂起が、1669年（寛文9）の「シャクシャインの戦い」である。

松前藩はアイヌが松前に来て交易することを禁止していた。またアイヌの干鮭100本に対して米1俵で交換するという基準を、米7～8升に減らす、抗議があれば打ち叩くなど、アイヌに不利益な仕組みを強要するようになっていた。こうして自ら主導する交易体制を築こうとする圧力が、アイヌによる武力蜂起に至らせたと考えられている。

17世紀中頃、道南で漁猟や狩猟圏、交易圏を巡って激しく対立していたメナシクルとシュムクルというアイヌの地域集団があった。

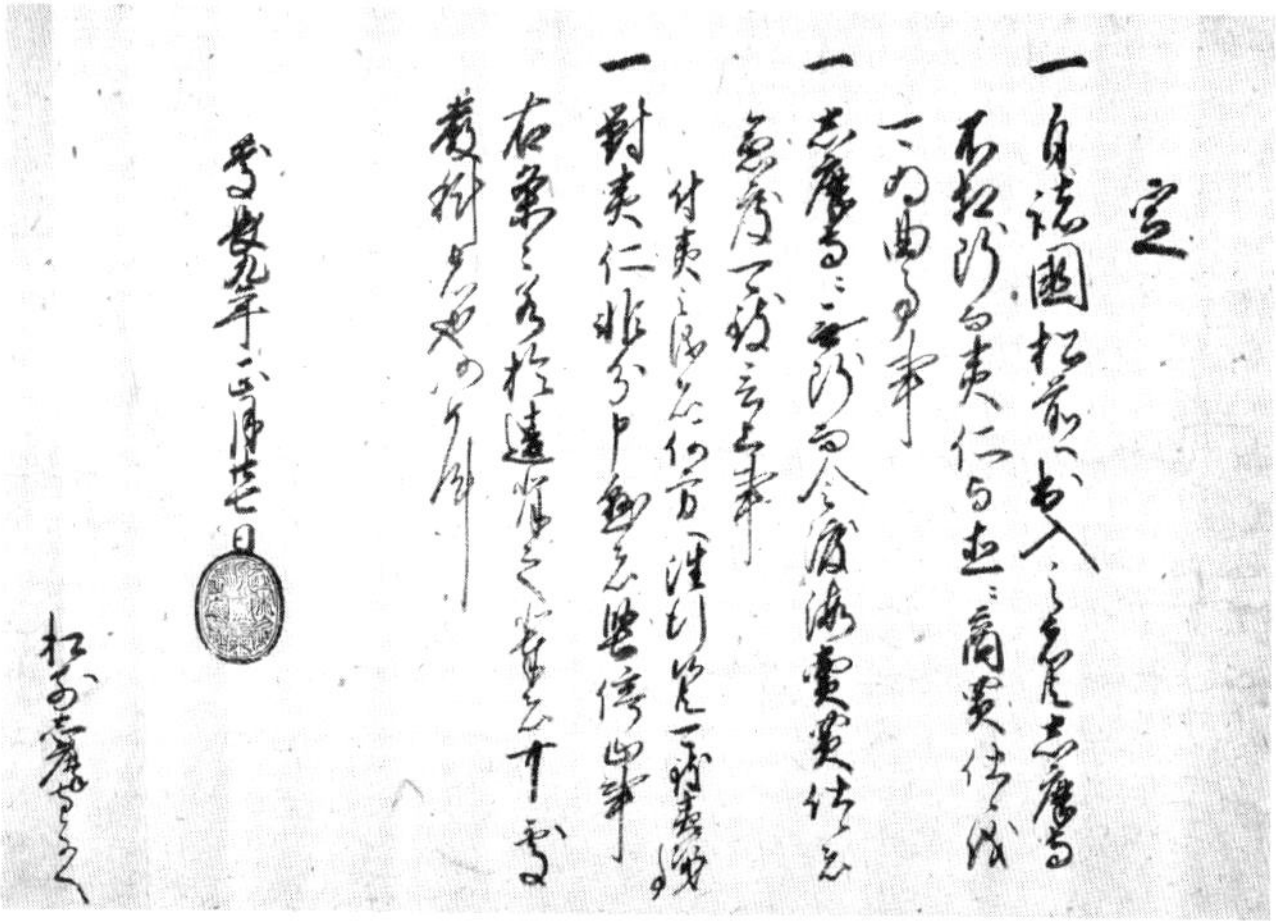

アイヌの商売の自由を認めている

徳川家康黒印状《とくがわいえやすこくいんじょう》

1604年(慶長9)に将軍・徳川家康が松前氏に与えた蝦夷地を統治する御墨付き。和人が松前氏の許可なく蝦夷地で商売することを禁じる一方、アイヌの行動と商売の自由を保証している。つまり、アイヌは松前氏の領民ではない。

北海道博物館

和人が襲撃された地

和人襲撃は寛文9年(1669)6月頃から始まった。東西蝦夷地の15カ所で襲撃が行われた。

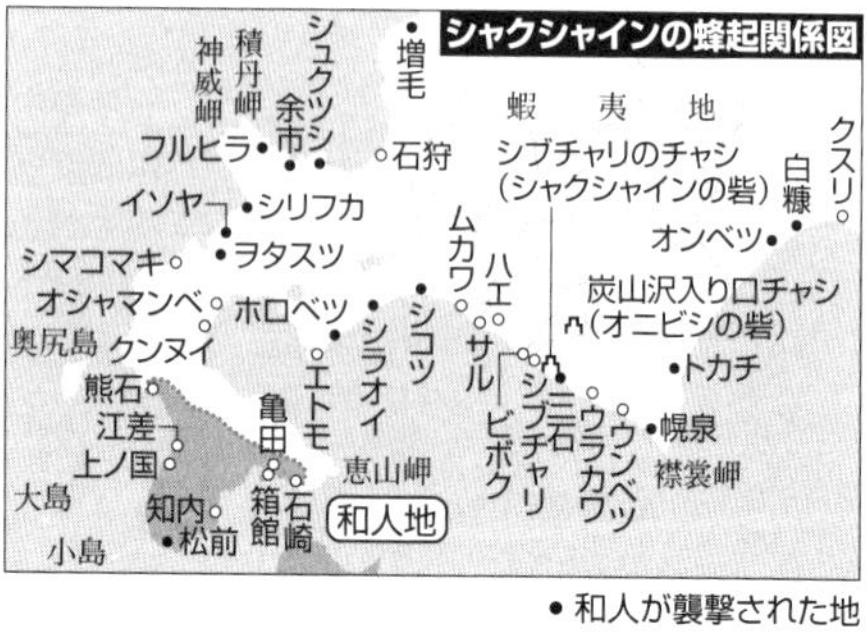

• 和人が襲撃された地

松前藩は仲裁する態度をとっていたが、武器支援などの依頼のため松前藩へ赴いたシュムクルの使者が途中で亡くなるという事件が起きた。最初は病死と伝えられたが、次第に松前藩による毒殺説が広がった。そして、メナシクルの一員で、シベチャリ（新ひだか町静内）の首長であったシャクシャインが、毒殺される前に和人を襲撃すべきだと訴えた。その呼び掛けは道南だけでなく、松前藩のある西蝦夷地へも広まっていく。そして、この毒殺風聞の背景にあったのがアイヌ社会に拡がっていた反松前、和人の気運だった。

積年の不満から、シャクシャインの呼び掛けに多くの勢力が呼応し、東西蝦夷地で300人以上の和人が殺害された。東蝦夷地のアイヌ勢力は松前城下に向かって進撃した。藩は鉄砲で撃退し、アイヌ間の分断を進め、シャクシャインの本拠地・シベチャリに迫った。和睦を余儀なくされたシャクシャインは交渉に赴くが、その場で撲殺される。

その後、松前藩は各地のアイヌ勢力に、和人への服従などを明記した起請文をとった。こうして両者の関係は大きく変化していった。

商場知行制と場所請負制度の違い

「商場知行制」とは、松前藩主が蝦夷地内に直営商場を設けて、上級家臣に知行（商場での交易権）を分与し、そこで上ったアイヌとの交易の収益を家臣の収入とする仕組みのことである。アイヌからは干し鮭やニシン、ナマコ、コンブやクマの皮などの特産物を得て、江差や松前、箱館などで換金して収入源としたのである。しかし、シャクシャインの戦い後、松前藩の財政悪化などから「場所請負制度」に仕組みが変わっていった。これは松前藩主や家臣が商場における経営を商人に任せてしまうというものである。そして課税の一種である運上金を納めさせたのだが、商人が漁を請け負ったため、低賃金でアイヌが酷使させられる問題が発生することになった。

【商場知行制】

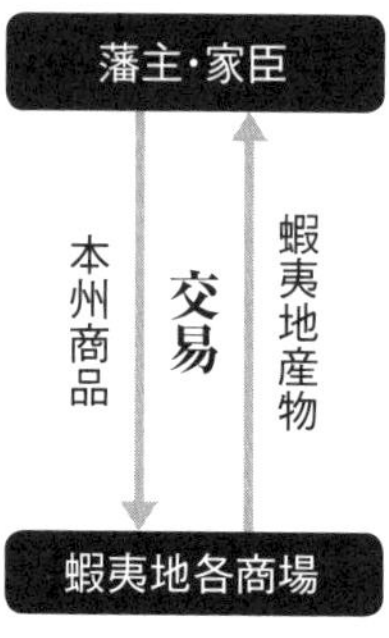

【場所請負制】

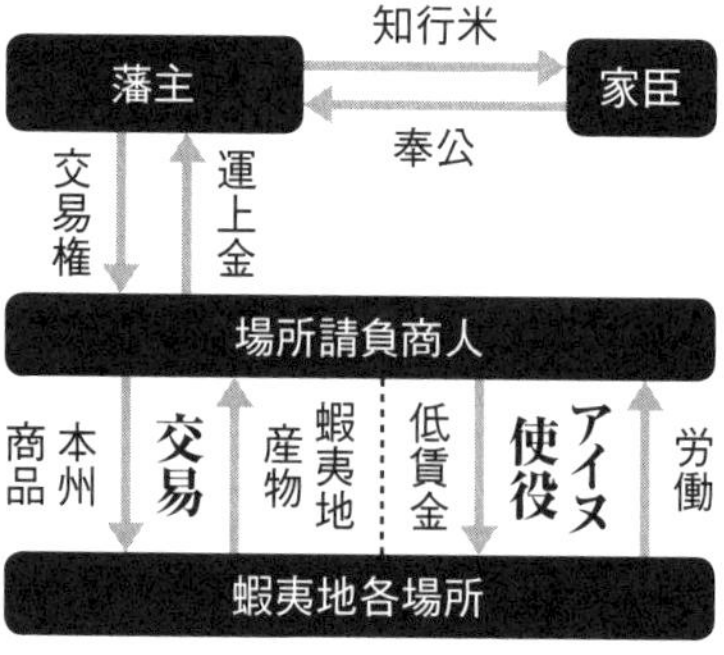

アイヌ最後の武装蜂起
クナシリ・メナシの戦いの背景とその結末

陰惨な結末を迎えた蜂起松前藩への屈服

18世紀初め、場所請負制によって蝦夷地の商場における交易の権利は商人に任されていた。そのなかでも、クナシリ島（国後）やソウヤ（宗谷）など松前藩から見た遠隔地での経営権を一手に独占したのが材木商の飛騨屋だった。これらの地域では、ラッコの皮や鷲羽、熊皮、錦、玉など価値の高い産物が入手でき、漁場を広げられる可能性も秘めていた。

しかし、飛騨屋にとって商いが順調というわけではなかった。当初クナシリに向かった商船の交易を土地のアイヌが拒否したのは、おそらく飛騨屋の条件が厳しかったからだろう。それは雇用にもいえたのではないだろうか。アイヌに支払われる賃金が極めて少なく、長時間長期間の労働を強いたことが考えられる。

そして1789年（寛政1）5月、ついにアイヌが蜂起してクナシリにいた松前藩の

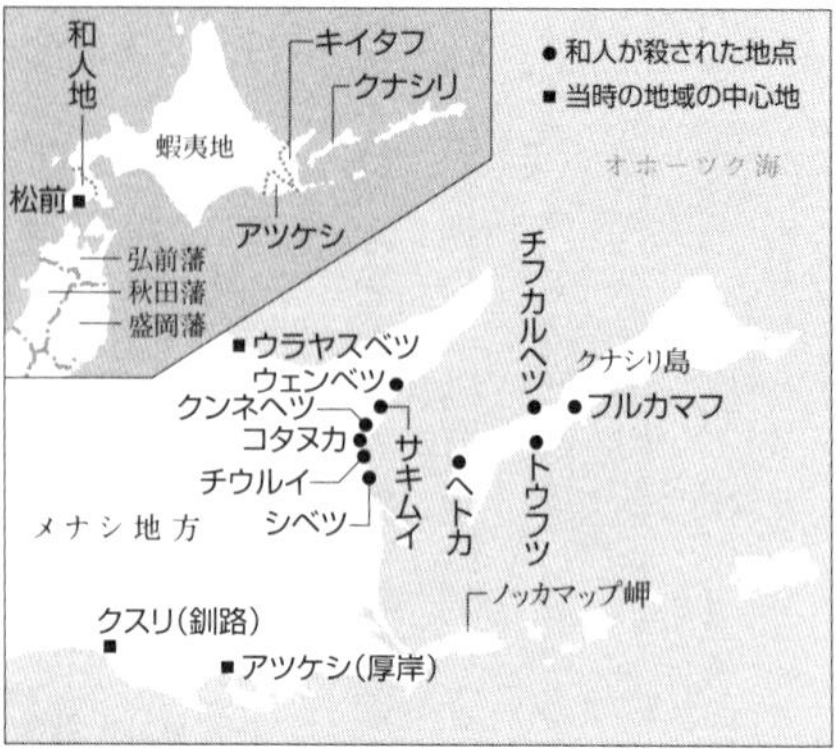

クナシリ・メナシの戦いの場所図

アイヌはロシア人とも猟場を争っていた。日露両国の接触地域で起きた戦いでもあった。

参照／『アイヌ民族の歴史』(山川出版社)

松前藩の
権威を示す絵画

夷酋列像《いしゅうれつぞう》

藩主・松前道広はこの戦いで鎮定に動いたアイヌ首長たち12人の画像を、家老の蠣崎波響(かきざきはきょう)に描かせた。それがこの夷酋列像である。この画像は彼らの姿を正確に描写したものではない。つまり過度に蝦夷錦など絢爛豪華な服装と共に勇猛、勇壮に描くことで戦いにおける勧善懲悪を明らかにし、彼らを従える松前藩の権威を示す狙いがあったと考えられる。戦いの当事者であるアイヌの肖像や記録がしっかりと残されていないことが、アイヌと和人の不均衡な関係を反映している。上からアッケシの首長・イトコイ、ノッカップの首長・ションコ、クナシリの首長・ツキノエとされている。

函館市中央図書館蔵

目付を殺害したのを皮切りに、22人もの和人を次々に殺したのである。さらに対岸のメナシでは49人の犠牲者が出た。

飛騨屋はアイヌ使役に自家用の食料準備ができないほど過酷な労働を強い、しぶる者には殺すと脅す。女性に対して理不尽に情夫となる者も出るような有様で、アイヌはやむをえず蜂起したのだった。この一報を聞いた松前藩は、ただちに260人もの兵を差し向け、アイヌも交戦の構えで砦を築いて立てこもった。

そこに調停役として入ったのがクナシリ首長のツキノエたちである。松前藩の武力行使を前に、戦いの困難さや、後の交易に支障が出ることを懸念しての判断によるものだった。そして蜂起の中心人物である37人の事情を調査して決戦は回避された。しかし翌日処刑が言い渡され、6人目の斬首が終わったところで牢内で騒ぎが起き、牢が破られそうになる。そこで牢の中へ鉄砲を打ちかけて槍で突き、全員を殺害。そしてクナシリやメナシのアイヌ社会は松前藩に完全に屈服することになり、両者の関係が決定づけられた。

江戸幕府の統治下のもとに
ロシアの接近と交易新たな蝦夷地探検

松前藩の経営から幕府の直轄領へ

クナシリ・メナシの戦いでアイヌの蜂起を鎮めるために重要な役割を担った首長たちは、少なからずロシアとの交易を行っていた。成功はしなかったが、クナシリの首長・ツキノエは日ロ交易の斡旋をしていたことがわかっている。

ロシア人商人が蝦夷地を訪れ、交易を申し出たのは1778年(安永7)で、その後、幕府は蝦夷地の調査を行ったが、さほどの危機感を持っていたわけではない。しかし、クナシリ・メナシの戦いが起き、1792年(寛政4)にロシア政府の正式な使節としてラクスマンが根室に来航。さらにイギリス船の室蘭入港と続いたため、危機感を募らせた幕府は大規模な蝦夷地調査を行った。その後、ロシア船によるカラフト襲撃を経て、全ての蝦夷地を幕府の直轄領とし、松前に松前奉行を置いて、蝦夷地の経営に直接当たるようになる。

歓待行事から服従の誓約へ

日高アイヌ・オムシャ之図《ひだかあいぬ・おむしゃのず》

オムシャとはアイヌの言葉で挨拶の意味。本来は交易に訪れた客人を歓待する行事だが、アイヌに対する和人の支配や服従関係を誓約させる儀礼へと変化した。この絵では、両者の関係を強調する描き方がされている。

函館市中央図書館

松浦はアイヌからも厚い信頼を寄せられた

松浦武四郎肖像《まつうらたけしろうしょうぞう》

松浦武四郎は1818年（文化15）、三重県で生まれた。初めて蝦夷地に入ったのは28歳で、以後６度、探検している。晩年、蝦夷地に代わる地名として「北加伊道」を明治政府に提言し、北海道の名称の由来となった。　松浦武四郎記念館

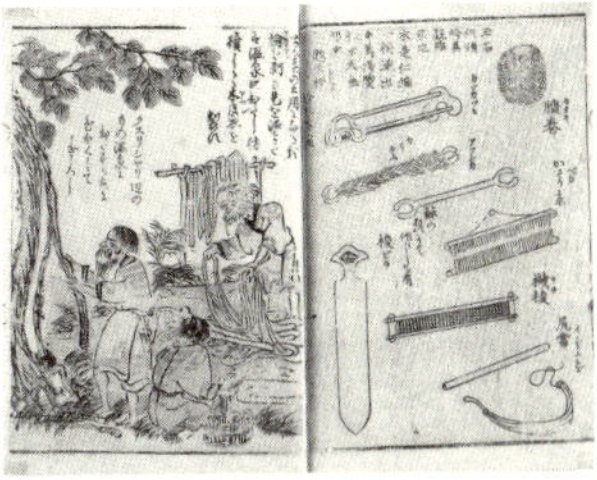

アイヌの人々の暮らしを描いた

蝦夷漫画《えぞまんが》

1859年（安政6）に松浦武四郎が出版した本。アイヌの風俗や民具などを多彩な絵でわかりやすく紹介している。写真の左ページは、アイヌの人々が樹皮衣の材料となるオヒョウの木の皮を剥いでいる様子。　松浦武四郎記念館

それは松前藩に任せてはおけないという判断からで、同時に幕府は、アイヌ民族の日本人化策を打ち出すなど、ロシアへの対抗策を念頭に置きながら、蝦夷地経営に普請していくことになる。しかし、ロシア船ディアナ号の艦長ゴロヴニンの捕縛が、ロシアの謝罪によって解決し緊張が緩和すると、蝦夷地全域の直轄領をやめ、松前藩に戻している。

そんな折、アッケシに接近した国籍不明の異国船との間で銃撃戦が起きた。この時、松前藩の藩士はわずかしかおらず、戦闘の心得のある和人も少なかった。そこで重要な働きをしたのがアイヌ民族だった。50人ほどが動員され果敢に戦い、異国船は退去していく。松前藩にとって藩士の手薄な遠隔地ではアイヌの戦力が大きな役割を担っていた。

アイヌ民族を大切にすれば辺境の大きな備えになると考えたのが、江戸末期の探検家・松浦武四郎である。松浦はアイヌ民族の苦しみの実態を伝えたが、アイヌへの過酷な使役は続けられていた。しかし、和人化に抗議するアイヌの姿や、和人文化に強い関心を持ち、しきりに江戸に連れていってくれとせがむ少年の話も書物に記している。そして開国を迫られた幕府は蝦夷地の重要性を再認識し、再び直轄領とした。

北海道の名を付けた男　松浦武四郎

松浦が蝦夷地探検に情熱を傾けたのは、ロシアの南下政策に伴い、蝦夷地の様子を正しく伝えることが日本の国益になると思ったからだ。初めて蝦夷地に渡ったのは1845年(弘化2)、28歳の時だった。以降、1858年(安政4)までの間で6回の探査を行っている。松浦はアイヌの協力を得て歩き、土地の様子をスケッチ。地名や動植物、アイヌの生活などを事細かに記録した。個人の意志で始めた調査だったが、これが各大名や幕府から認められていく。そして4回目以降は幕府の命を受けて探査任務にあたったのである。松浦は報告書のなかで過酷な使役を強いられているアイヌの実態にも触れ、アイヌの命と文化を救うべきだと記している。

明治時代になると松浦は、幕府御雇の蝦夷地御用掛から開拓判官となる。1869年(明治2)、彼は蝦夷地に代わる6つの名称候補(日高美・北加伊・海北・海島・東北・千島)を政府に提案。そのなかの「北加伊道」が「北海道」に変更のうえ命名された。松浦の意見書には「加伊」はアイヌの自称であると説明されている。松浦は幕末の自著『天塩日誌』において「カイ」には「この地で生まれたもの」という意味があるとアイヌの長老から教えられたことを記している。

明治政府の開拓使が置かれて
幕末から明治へ、アイヌ文化苦難の時代

アイヌは平民でありながら旧土人と呼ばれた

幕臣であった榎本武揚《えのもとたけあき》は6隻の軍艦と3000人の旧幕府軍を率いて、蝦夷地を目指した。事前に榎本は明治新政府へ生活安定のための蝦夷地開拓の趣意嘆願をしている。同様に、箱館府にも嘆願書を提出しようとした矢先、箱館府との間に先端が開かれてしまう。箱館の町にとどろき渡った無数の銃声音は、日本の近代化を告げるものだった。

その後、明治政府は北海道開拓と経営のため、1869年(明治2)に開拓使を設置し、蝦夷地を北海道と改称した。そして和人に北海道への移民を募った。

2年後には戸籍法を制定して全国的に戸籍の編成を開始し

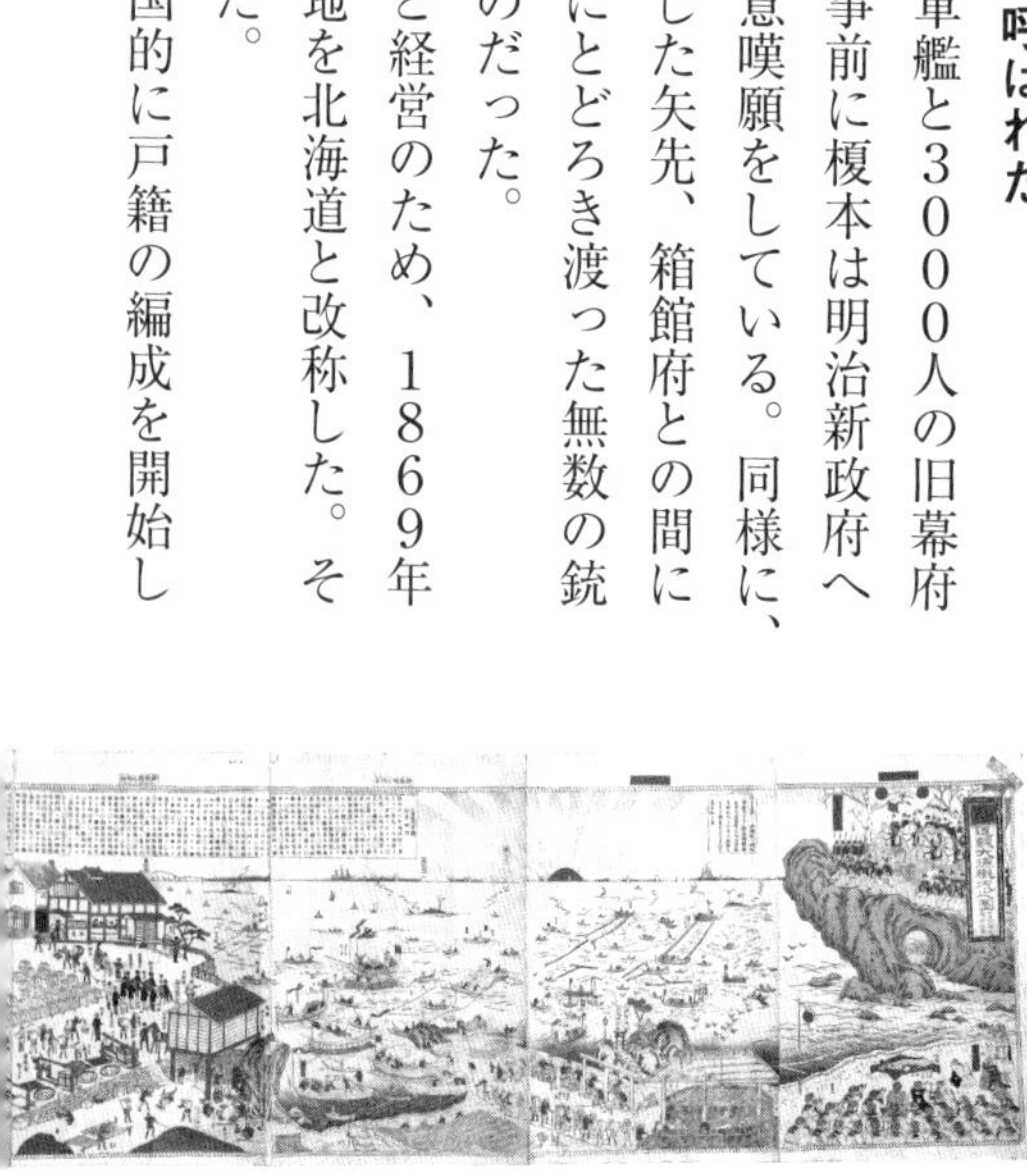

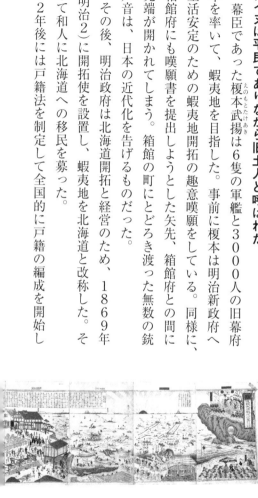

たが、そこで問題となったのがアイヌ民族の扱いである。この戸籍には華族・士族・平民の身分が記載されるからで、結局、アイヌ民族は平民籍に編入されたが、その後、開拓使はアイヌを旧土人として区別する方針を下してしまうのである。

　和人とアイヌを同じ扱いにするのはもちろんだが、開拓使の役人が和人とアイヌを区別する場合の呼び名が一定しなかった。そこで便宜上、旧土人とした。アイヌ民族は江戸時代末期まで夷人、蝦夷人と呼ばれ、土人と言い換えられたりしてきたが、明治政府によって旧土人の呼称が定着する。この和人との区別が、後のアイヌ民族への差別につながっていくことになる。

　さらに1871年（明治4）、開拓使は4条からなるアイヌ民族の和人化政策を発表する。まず、

大量で賑わう港にも上下関係がちらつく

北海道鰊大漁概況之図《ほっかいどうにしんたいりょうがいきょうのず》

1889年（明治22）に描かれた作品。大量のニシンを積んだ舟が浮かび、港はかなりの賑わい。右手上に偉そうな役人が、その下にニシンを神に備えるアイヌの人々（旧土人と表記）が描かれている。　函館市中央図書館

開墾を望むアイヌに住居と農具を与え、定住を求める勧農政策。次に成人の印とされた女性の入れ墨や男性の耳輪などの風習やアイヌ民族の言葉も禁止した。そして日本人風の名前を名乗らせ、日本語習得の義務化を打ち出したのである。

こうしたアイヌ民族が連綿と受け継いできた文化は、強制的に否定されるべきものではない。しかし開拓使によるアイヌ文化の否定政策は、これ以降も様々な形で行われていくことになるのだった。

明治政府による鮭の禁漁

北海道の開拓を第一に考える明治政府は、先住者であるアイヌの人々の権利や昔から大切にしてきた生活様式を無視した。さすがに場所請負制は廃止されたが、多くの魚場は和人の経営者によって独占され、アイヌの人々の鮭漁やシカ漁は禁止された。アイヌ民族の生活の基盤は新時代になってからも奪われていった。

北海道庁の設置、開拓の進行
開拓使による開発と自立を模索するアイヌ

調査隊に動員され先祖からの土地は奪われる

１８８６年（明治19）は新たな北海道の幕開けの年といえる。それまで行政を主導してきた札幌、函館、根室の３県と、農商務省北海道事業管理局が廃止され、北海道庁が設置されたからだ。これにより、土地は民間に払い下げられ、華族や事業家、地主などの内地資本による開拓事業が行われることになり、開拓はさらに加速していった。

北海道庁がまず行ったのは、移民が入植するための土地の調査である。この調査隊には地理に詳しいアイヌの人々がしばしば動員された。一方、アイヌの土地の私有を認めないという方針も打ち出している。その結果、アイヌの人々は生活の場を失い、困窮することになった。そこで制定されたのが１８９９年（明治32）の「北海道旧土人保護法」である。この法律の柱は、アイヌの人々に土地を与えて農耕への従事を促す一方、日本語の習得などにより和人への同化を進めるものだった。

赤れんが庁舎の愛称で知られる
北海道庁旧本庁舎《ほっかいどうちょうきゅうほんちょうしゃ》

現在の新庁舎ができるまで、約80年にわたり北海道の政治行政を担ってきたのが、1888年(明治21)築の北海道庁旧本庁舎。アメリカ風ネオ・バロック様式の建築で、北海道の歴史をたどる資料が展示されている。

しかし、不平等が潜んでいた。和人に与えられた肥沃な土地に比べ、アイヌの人々が手にした土地は狭く、荒れた土地が多かったのだ。そのため開墾に失敗し、土地を手放すアイヌもかなりの数にのぼった。そこでアイヌの人々の移住が計画され、保護地が確保される。これは「旧土人保護地」、あるいは「旧土人開墾予定地」と呼ばれる土地である。

この保護地の出現によ

って、アイヌの人々は強制的な移住を余儀なくされた。その一方で、自立して生きる道をアイヌ自身に模索する動きも活発化する。しかし、アイヌの人々に下されるはずの土地を共有財産として北海道長官の管理下に置くなど、すっきりとした解決策は取られないままであった。

開拓使による開発が進む

亀田桔梗野之開拓《かめだききょうののかいたく》

1872年（明治5）に撮影された函館近郊の亀田開拓の様子。この頃から石狩の北広島や上川盆地、十勝平野などにも移住者が入り込んだ。　北海道大学附属図書館蔵

土地付与が保留され続けた

旭川近文アイヌ集落《あさひかわちかぶみあいぬしゅうらく》

1907年（明治40）に撮影された住居が新築された旭川市近文のアイヌ集落。第七師団の設置用地と近接したため、利権争いの対象となった。　北海道大学附属図書館蔵

イザベラ・バードの目にアイヌの人々はどう映ったのか？

明治の日本を旅したイギリス人女性

イザベラ・バードが日本を訪れたのは開国して20年たらずの1878年(明治11)。47歳だったバードは横浜に入国後、東京を起点に日光から新潟、東北、北海道へ約4カ月かけた旅をした。北海道では函館、森、室蘭、白老を経て、奥地の平取《びらとり》のアイヌ集落に向かっている。

その紀行文『日本奥地紀行』は、外国人の視点による貴重な文献で、特にアイヌの生活ぶりや風俗については感銘を受け、こまかに綴った。平取の集落にバードは3日2晩泊まったが、アイヌは他人に対して親切であり、正直で崇敬の念が厚く、老人にも思いやりがあるとたたえている。また、家屋の内も外も極めて清潔で屑ひとつない。慢性病を患っている人もほぼいないと書いた。

さらに、低く美しい声で奏でる音楽、穏やかな茶色の瞳の柔らかな光、微笑の素晴らしい美しさに心ひかれ、アイヌを決して忘れることはないとバードは言う。一方、信仰については、自然のなかに自分たちより強力な何かが存在し、それが恐怖や希望を生み出しているとアイヌは感じていると分析。バードはその思いを、森や海に対して感謝を捧げる素朴な言葉のなかから感じ取ったという。

イギリスの女性旅行家

Isabella Lucy Bird

イザベラ・バード

1831年（天保２）イギリスで牧師の長女として生まれた。アメリカ、カナダ、オーストラリア、ニュージーランドなどを旅し、旅行記を出版。日本を訪れたのは47歳の時で、その翌年『日本奥地紀行』を出版した。

ハイジアパーク南陽蔵

1878年にイザベラ・バードがたどった
北東北と北海

保護法の改正とアイヌ学校の廃止
太平洋戦争下の北海道と出征するアイヌ

皇軍の兵士として出征するアイヌの人々

〝北鎮部隊〟と呼ばれて北海道民から畏怖された陸軍第七師団は、1901年（明治34）に北海道、樺太、千島から兵を徴収した。入営した人のなかには多数のアイヌの人々がいたといわれる。その後、第七師団は1904年から日露戦争に出征したが、そのなかに63人のアイヌがいたことがわかっている。そのうち戦死者や病死者は8名。勲章を受けたものは54人に上ったという。日露戦争はアイヌの人々が初めて日本軍の兵士として戦った戦争であった。

第七師団の各連隊は日露戦争後の満州事変、そして太平洋戦争に至るまでの様々な戦いで中国大陸に渡る一方、北はアリューシャン列島、南はニューギニアまでの広範囲な戦場に派遣されていった。ガダルカナル、ニューギニア、北千島アッツ島、そして沖縄など、全滅した部隊もあるほどの激戦地ばかりだ。こうして北海道から出兵していった人の戦死者は約11万人とされているが、そのなかでアイヌの人々がどのくらいの人数を占めていたのかは、はっきりとわかっていない。

当時の地方新聞には靖国神社に合祀されたアイヌ勇士と称えられた息子の母親が語った「お国の役に立って嬉しい。仲間にも肩身が広い」という談話が掲載された。この記事では母親のことを旧土人といった言葉で呼びながら、国に忠誠を尽くしたアイヌの姿として意図的に記していることがわかる。ここにも差別意識は存在していたのである。

太平洋戦争では北海道も空襲されている。函館、小樽、室蘭、旭川、網走、帯広、根室など70市町村が空襲された。死者はわかっているだけでも約2千人にのぼった。

日中戦争が勃発した1937年(昭和12)、北海道旧土人保護法が改正された。しかしこれはアイヌ民族の経済的自立を認めるものではなく、保護の対象に留めようとする内容だった。一方でアイヌ学校は廃止された。これはアイヌ児童を和人と分離させて日本人化のための教育を行う学校であった。これ以後、アイヌの子供は和人の子供と一緒の学校で学ぶことになったが、和人からの抑圧という根底の問題が解決されたわけではない。旧土人保護法改正の検証がないまま、戦時下を生き延びるしかない時

昭和12年のアイヌ学校廃校記念の写真

旧土人保護法に基づいてアイヌ学校が設けられた。この写真の学校はおそらく北海道庁立白老第二尋常小学校。和人の児童らが通う学校は村立白老第一小学校といった。旧土人保護法の改正によって廃止された。

白老町教育委員会蔵

代だった。

アイヌ民族の誇りを叫び続けた森竹竹市の行ったこと

1934(昭和9)、室蘭に連合艦隊が入港する際、兵士にアイヌの熊祭の踊りを見せる計画があった。その時「アイヌ民族の名において中止を希望する」と新聞に堂々と投稿したのが森竹竹市《もりたけたけいち》だ。郵便局員、国鉄職員などで生活の糧を得ながら多くの創作を発表したアイヌの詩人であった。昭和12年に発表した詩集『原始林』では失われてゆくアイヌ民族伝統の生活をうたった。故なき差別に対してアイヌの団結を呼び掛ける檄文を全道の同志に送ったこともある。

アイヌ新法が制定されたことで訪れた民主化とアイヌ民族の現在

加速するアイヌ民族復権の動きと、今、そしてこれから

１９４５年（昭和20）8月、日本政府はポツダム宣言を受諾し、連合国に降伏した。15年間にわたる暗く辛い戦争は幕を閉じたが、翌年1月、北海道新聞にこんな見出しが踊った。「同族衰亡を挽回」「自主復興へ」。新たなアイヌ協会の設立準備の会合が持たれたという記事だ。

終戦は和人にとっての新たな出発だったが、アイヌ民族にとっても新たな時代の幕開けであった。それを証拠に、2月には早くも北海道アイヌ協会（１９６１年に北海道ウタリ協会と改称、２００９年に北海道アイヌ協会と改称）が設立された。

またアイヌ民族だけでなく、和人にとっても新しい社会の体制が目前に迫っていた。マッカーサーを総司令官とする連合国軍最高司令官総司令部（ＧＨＱ）は、日本を民主主義国家とするために矢継ぎ早に政策を発動していた。そのひとつが、民主主義を進める柱のひとつとGHQが位置づけた、農村における地主制の解体を意味する「農地改革」である。

しかし、この農地改革の対象範囲が問題だった。もし北海道旧土人保護法で与えられていた給与地が含まれるなら、アイヌ民族は土地を取り上げられることになり、生活はさらに困窮を増してしまう。北海道アイヌ協会はこう主張した。

「旧土人保護法は北海道のアイヌを対象とした特別法である。したがって、給与地を農地改革の対象に含めるべきではない」。政府に陳情し、請願書も提出したが、給与地はアイヌの手から離れることになった。

時代は流れて1960年代の高度経済成長期。日本経済は飛躍的に成長したが、アイヌ民族と和人との経済的格差や差別の意識は解消されぬままだった。80年代には首相自らが「日本は単一民族国家であり、差別を受けている少数民族はいない」と発言する有様である。

そんななか、1984年(昭和59)に北海道ウタリ協会(北海道アイヌ協会より改称)は「アイヌ民族に関する法律(案)」の概要をまとめて、道及び国に対して制定を働きかける活動を開始。そして一条の光が差したのは1987年(昭和62)、国連総会においてアイヌ民族の代表が初めてアイヌ民族問題について発言を行ったことだ。7年後にはアイヌ民族初の国会議員・萱野茂氏が誕生。これはアイヌにとって不平等であった北海道旧土人保護法に代わる新法の誕生を予見させるものだった。

1997年(平成9)、旧土人保護法は廃止され、新たに「アイヌ文化の振興並びにアイヌの伝統等に関する知識の普及及び啓発に関する法律(略称・アイヌ文化振興法)」が制定された。旧土人保護法発布から1世紀の年月が過ぎていた。

しかしアイヌ文化振興法の評価は割れた。アイヌ語や音楽、舞踊、工芸などの伝統文化を尊重するという内容であるだけで、先住民族としての尊厳や権利、生活の保障にまったく触れられていないからだった。法の制定に尽力した萱野茂氏はこう語っている。「アイヌ民族の生活を底上げするための基金創設を盛り込むことが、今後の課題でしょう」。

アイヌ新法によって、アイヌ民族の存在が法律上、初めて認知された意義は極めて大きい。それまで和人によってたびたび唱えられてきた日本の単一民族国家観を否定させたからだ。アイヌ文化振興法の制定によって、アイヌ語や古式舞踊などの伝統文化の発表の場や、語り部たちによる精神文化や歴史を伝える機会も飛躍的に増えた。

しかし差別感が払拭されたとはまだ言いがたい。

国内での議論だけでなく、それを積極的に海外にも向けようとする動きが出てきたのは、前述した国連でのスピーチがきっかけだ。1992年(平成4)には国連本部の「国際先住民年」の開幕式での記念演説も行われ、2007年(平成19)の「先住民族の権利に関する国連宣言」へとつながる。この宣言には日本政府も賛成票を投じており、翌年「アイヌ民族を先住民族とすることを求める決議」が衆参両院で採択された。さらに政府は「アイヌ政策のあり方に関する有識者懇談会」を設置し、アイヌ民族の権利回復や社会的経済的な地位向上に取り組み始めている。アイヌ民族にとって文化の継承とそれを未来へ生かすための道のりはこれからなのである。

アイヌ初の国会議員の誕生、萱野茂が残したもの

故・萱野茂(1926~2006)氏はアイヌ文化の研究者として、またアイヌ民族初の国会議員として知られる人物。1926年(大正15)、北海道沙流郡平取町二風谷に生まれ、アイヌ語を母語として育った。アイヌ民具を収集し、1972年(昭和47)には二風谷アイヌ文化資料館を設立した。また親から子へ、脈々と伝えられてきたア

イヌの言葉や暮らしを多くの著書や絵本などを通じて紹介。アイヌ語塾なども開いて子供たちを指導するなど、生涯にわたってアイヌ文化の伝承と研究に力を注いだ。こうした取り組みが認められ、1975年(昭和50)にはアイヌの古老から聞き取りを行ったアイヌ民話集『ウェペケレ集大成』で第23回菊池寛賞を受賞している。

1994年(平成6)、アイヌ民族として初めての国会議員として4年間国政にも携わった。その間、アイヌ語で国会質問に立つなどして「アイヌ文化の振興並びにアイヌの伝統等に関する知識の普及及び啓発に関する法律」成立の中心となって力を尽くした。これはアイヌ独自の文化や伝統を制限し、旧土人と差別した「北海道旧土人保護法」を廃止させるもととなった重要な新法である。また故郷である平取町二風谷のダム建設反対運動を繰り広げ、アイヌを先住民族として認める判決を勝ち取った。

萱野氏は2006年5月6日に79歳で死去。現在は息子である志朗氏が二風谷にある資料館(萱野茂二風谷アイヌ資料館)を受け継いでいる。萱野氏が残した貴重な資料の数々に触れられる場所である。

萱野茂二風谷アイヌ資料館蔵

アイヌ民族に関係する年表

658年（斉明4）	『日本書記』に阿倍比羅夫が蝦夷を討つという記述
802年（延暦2）	坂上田村麻呂が胆沢蝦夷を鎮圧
1264年（文永元）	元軍がアイヌを攻める
1297年（永仁5）	アイヌがシベリアで元軍と戦う
1356年（延文元）	『諏訪大明神絵詞』成立
1457年（康正3）	コシャマインの戦い
1550年頃（天文19）	蛎崎慶広がアイヌと講和
1604年（慶長4）	徳川家康、姓を松前に改めた慶広に黒印状を与える
1669年（寛文9）	シャクシャインの戦い
1789年（寛政元）	クナシリ・メナシの戦い
1799年（寛政11）	徳川幕府、東蝦夷地を直轄領とする
1869年（明治2）	箱館戦争起こる。開拓使設置。 蝦夷地を北海道と改称
1871年（明治4）	戸籍法を制定し、アイヌを平民に編入。家送り、女性の入れ墨、男性の耳飾りを禁止。 農工、日本語を学ぶことを通達
1872年（明治5）	北海道土地売貸規則・地所規則を定める

1875年(明治8)　樺太・千島交換条約締結により、樺太からアイヌを宗谷に移住させる
1876年(明治9)　場所請負制の完全廃止
1878年(明治11)　アイヌの呼称を旧土人に統一
1882年(明治15)　開拓使を廃止し、函館・札幌・根室の3県を置く
1899年(明治33)　北海道旧土人保護法交布
1901年(明治34)　旧土人児童教育規定交布
1937年(昭和12)　旧土人保護法改正交布。給与地の譲渡制限の緩和、旧土人学校を廃止
1946年(昭和21)　北海道アイヌ協会設立
1955年(昭和30)　北海道、熊祭り禁止を通達
1961年(昭和36)　北海道アイヌ協会を北海道ウタリ協会に変更
1994年(平成6)　萱野茂、参議院議員となる
1997年(平成9)　北海道旧土人保護法廃止
2001年(平成13)　「アイヌ民族の権利と今後の運動を考える」集会を札幌市と開催
2007年(平成19)　熊祭り禁止の通達を廃止
2008年(平成20)　国連人権委員会、日本政府にアイヌ民族との対話を勧告。衆参両院の本会議で「アイヌ民族を先住民族とすることを求める決議」採択。先住民族サミット　アイヌモシリ2008」を平取町で開催

『アイヌ神謡集』をまとめ上げたアイヌ少女・知里幸恵の19年の生涯

言語学者・金田一京助との運命的な出会い

『アイヌ神謡集』をご存知だろうか。明治時代末から大正時代にかけて生きたアイヌ女性、知里幸恵《ちりゆきえ》が、その短い生涯を賭けて残した著作だ。

ご承知の通り、アイヌの人々は文字を持たない。叙事詩ユカラも口承によって引き継がれる。自然神(カムイ)の物語であるカムイユカラもまた、主に女性たちによって口伝えされてきた。アイヌ語で歌われる長いユカラを、ローマ字で書き起こし、さらに日本語に翻訳したのがその書。アイヌ言語や彼ら独自の思想、信仰のあり方に光を当て、アイヌ文化復権の契機を作った不朽の名著といえるものである。単に歌を記しただけではない。そこに込められているのは、多くの苦しい歴史を刻みながらも北の大地で生きていくアイヌの歴史への誇りと祈りが満ちている。

知里幸恵は1903年(明治36)6月2日、胆振国幌別郡《いぶりのくにほろべつぐん》(現・北海道登別市)のアイヌ豪族チリパ・ハエプトの孫娘として生まれた。父は高吉、母はナミといい、夫妻の長女である。ナミも幌別郡の大首長カンナリを祖とする金成家から嫁ぎ、敬虔なクリスチャンであり、日本語や英語にも長けていた。幸恵は、弟の真志保《ましほ》が誕生した頃、同じくクリスチャンであった祖母モナシノウクと叔母マツの暮らす伝道所に預けられた。優秀な子であったようだ。キリスト教を信仰しつつ、正確な日本語とアイヌ語を遣い、文章を書くことも好きだった。アイヌ子女で初めて北海道庁立旭川女学校を受験して不合格となった12歳の時には、〝本当は最高点を取りながら、クリスチャンの娘である上、アイヌだから落とされた〟という噂までも立ったという。あきらめて翌年受験した旭川区立職業学校では4番の成績で合格。アイヌ民族ゆえの同級生からの差別に耐えながらも、学ぶことの楽しさを謳歌した。

幸恵は6歳から19歳までの約13年間を旭川で過ごした。

知里幸恵 銀のしずく記念館蔵

　言語学者・金田一京助と出会ったのは15歳の時だ。当時、東京帝国大学では、日本語の系統を明らかにする言語調査が進められていた。大陸まで含むプロジェクトのなか、金田一が担当したのがアイヌ語だ。調査旅行の宿泊先として紹介されたのが幸恵の住む家だった。来訪を予期せず、食べ物も乏しい家だったが、モナシノウクやマツ、幸恵は金田一を温かく歓待した。

アイヌ語の研究助手として請われて東京へ

モナシノウクはカムイユカラの達人だった。金田一は調査を進めながらも、最初のうちは幸恵には学校のことなど話題にするに留めていたらしい。しかしやがて彼は、幸恵の優秀さに気づく。虐げられてきたアイヌの文化の偉大さや、ユカラの素晴らしさ、言語学的意義などを対話するようになる。そして幸恵は目覚めた。アイヌ民族に生まれたことは恥ではなく、誇るべきものだと知り、祖母や叔母のユカラを聞き覚えることに打ち込んでいくのだ。

幸恵の才能を理解した金田一は、彼女が学校を卒業したら東京に出てくることを望んでいた。勧める手紙を何度も書き送っている。

「遊びがてら、父祖伝来のその民族的叙事詩を筆録し、かつお得意の流麗な日本文に訳して、両々対照して後の世に残すことが、幸恵さんの境遇で一等ふさわしい、そし

てかけがえのない大事な仕事だということを、くり返しておす、めしておいたのでした。」（金田一京助『思い出の人々』から）

幸恵は、覚えたユカラをノートにローマ字で書き留めて、さらに日本語の口語に翻訳し、金田一に送るようになった。その内容に感動する金田一の言葉に従い、いずれ東京に出ようと考えた。しかし、彼女には子供の時分から心臓の持病があった。その頃ははっきりとした病名はまだわかってはいなかったのだが、しばしば襲ってくる痛みに通学も困難な日もあった。特に夏の暑さや冬の寒さはこたえた。また、卒業を待って結婚を予定している恋人もいた。

金田一は柳田国男らにも幸恵の書き起こしたカムイユカラを見せて、出版すべきだと結論し、早く東京に来るよう伝えていた。13編のカムイユカラの翻訳を終えた幸恵は、最後に、あふれ出る思いを序文に綴った。

「其の昔此の広い北海道は、私たちの先祖の自由の天地でありました。天真爛漫な稚児の様に、美しい大自然に抱擁されてのんびりと楽しく生活していた彼等は、真に自然の寵児、なんと云ふ幸福な人だちであったでせう。」と始まる美しい文章を受け取った金田一の興奮はいかばかりだったか。これを18歳の少女が書いたのだ。

わが家に住んでアイヌ語研究を手伝いながら、花嫁修業として裁縫などしつつ英語も習ったらいい。敬慕する金田一のそんな配慮に応えるべく、反対する家族を説得し、愛する婚約者にも夫婦の証である守り帯を渡し、1922年(大正11年)5月11日、幸恵は東京に向かった。皆には1カ月程度で戻るかもしれないと伝えていた。

『アイヌ神謡集』出版への作業を終えての死

金田一家には、神経の病に悩む妻と、まだ小さな息子・春彦がいた。幸恵は春彦の遊び相手になり、英語を習い、また教会に足しげく通った。もちろん金田一のアイヌ語研究の助手としての役目も担った。金田一の学者仲間との会合などに同行することも多かった。『おもいのまま』と題をつけたノートには、「黙っていればそのままアイヌであると知られずにすむのに」などと言われて深く憤慨する言葉もある。

博覧会や百貨店にも行く、楽しく刺激的な日々が続いていった。しかしやがて生来の心臓病が幸恵をむしばむ。東京の夏の蒸し暑さや、あちらこちらと駆り出される多忙な毎日は、彼女の身体にとってあまりに苛酷なものだったのだ。金田一家に寄寓しながら故郷に書き送る長い手紙には、元気そうな様子ばかりが綴られている。出会った人々の話、坊ちゃんとの親しいやりとり、キリスト教の信仰を通して気づく〝本当の愛〟への理解……。けれどもそうした気遣いこそが、自らを縛り、苦しさに耐え、使命感に身を捧げることにつながったのではなかったか。

東京滞在は幸恵が予想した以上に長くなった。床に伏せることが多かった金田一の妻の要望もあったし、4千行もの長大なユカラを聞いて筆録するなど重要な仕事もあった。心臓の痛みに苦しむ日は徐々に増えていたが、周囲には言わずにいた。

しかし病状は悪化していく。9月末に北海道に帰ろうと決めた後、心臓病の権威の診察を受けたところ、判定は「僧帽弁狭窄症」。治癒は困難であり、安静を要するため9月の帰郷も無理との診断だった。しかも〝結婚不可〟。幸恵は故郷の恋人に別れの手紙を送り、出版を控えた『アイヌ神謡集』の校正作業に時間を尽くしていった。

9月18日、『アイヌ神謡集』の校正は遂に終わった。金田一一家と夕食の膳を囲み、話も弾んだ。そしてその晩、幸恵の心臓はまたも発作を起こす。ただちに医師を呼んだ金田一だったが、その呼びかけのなか、幸恵は再び目を開けることはなかった。東京に出てわずか4カ月後。アイヌ文化を伝える大いなる光が、若き命を終えた。弟の知里真志保が、アイヌ言語学者として活躍するのはその後の話である。

神々と人間の交流の物語を謡う『アイヌ神謡集』の精神世界

アイヌの手によって記録された初めてのアイヌ語文学

ユカラには2種類がある。人間が主人公の英雄譚に対して、動物神、植物神、物神、火・雷・風などの神が自分の体験を語るのがカムイユカラである。数は非常に多く、一篇ごとに特有のメロディがついている。語るのに数時間という長いものもあり、また必ず物語の本文を挟むリフレインが入る。使われる言葉は日常語ではなく、古語や雅語が多用される。『アイヌ神謡集』には、13篇のカムイユカラがローマ字と日本語訳で収められている。アイヌ自身によってアイヌ語が記録された世界で初の本だ。

知里幸恵は弟の真志保への手紙で、ユカラは「自由な天地と共にあったアイヌの崇高な精神を秘めた文学である」と書いている。祖母や母が受け継いでいるものだけでも筆録には何十年も必要であることから、真志保に引き継いで欲しいとも。

『アイヌ神謡集』はアイヌの言語や精神文化の探求に大きく貢献しただけではない。

幸恵の才は、日本語訳にも存分に発揮されている。古語のユカラを、彼女自身が日常で使う、平明で美しい話し言葉に置き換えたのだ。最もよく知られる「梟《ふくろう》の神が自ら歌った謡」は「銀の滴降る降るまわりに　金の滴降る降るまわりに」と歌う梟神が、貧しい一家に宝物を降らせる話だ。後に真志保はこの歌を「銀の滴降れ降れまわりに」と訳した。物語の意味から言えばその方が正しい。しかし、幸恵の「降る降る」は不思議と心に響く。2人の訳の違いに注目して読むのも興味深いところだ。

知里幸惠編訳

序

その昔この広い北海道は，私たちの先祖の自由の天地でありました．天真爛漫な稚児の様に，美しい大自然に抱擁されてのんびりと楽しく生活していた彼等は，真に自然の寵児，なんという幸福な人だちであったでしょう．

冬の陸には林野をおおう深雪を蹴って，天地を凍らす寒気を物ともせず山又山をふみ越えて熊を狩り，夏の海には涼風泳ぐみどりの波，白い鴎の歌を友に木の葉の様な小舟を浮べてひねもす魚を漁り，花咲く春は軟らかな陽の光を浴びて，永久に囀《さえ》ずる小鳥と共に歌い暮して蕗《ふき》とり蓬《よもぎ》摘み，紅葉の秋は野分に穂揃うすすきをわけて，宵まで鮭とる篝《かがり》も消え，谷間に友呼ぶ鹿の音を外に，円《まど》かな月に夢を結ぶ．嗚呼なんという楽しい生活でしょう．平和の境，それも今は昔，夢は破れて幾十年，この地は急速な変転をなし，山野は村に，村は町にと次第々々に開けてゆく．

太古ながらの自然の姿も何時の間にか影薄れて，野辺に山辺に嬉々として暮していた多くの民の行方も亦いずこ．僅かに残る私たち同族は，進みゆく世のさまにただ驚きの眼をみはるばかり．しかもその眼からは一挙一動宗教的感念に支配されていた昔の人の美しい魂の輝きは失われて，不安に充ち不平に燃え，鈍りくらんで行手も見わかず，よその御慈悲にすがらねばならぬ，あさましい姿，おお亡びゆくもの……それは今の私たちの名，なんという悲しい名前を私たちは持っているのでしょう．

その昔，幸福な私たちの先祖は，自分のこの郷土が末にこうした惨めなありさまに変ろうなどとは，露ほども想像し得なかったのでありましょう．

時は絶えず流れる，世は限りなく進展してゆく．激しい競争場裡に敗残の醜をさらしている今の私たちの中からも，いつかは，二人三人でも強いものが出て来たら，進みゆく世と歩をならべる日も，やがては来ましょう．それはほんとうに私たちの切なる望み，明暮《あけくれ》祈っている事で御座います．

けれど……愛する私たちの先祖が起伏す日頃互いに意を通ずる為に用いた多くの言語，言い古し，残し伝えた多くの美しい言葉，それらのものもみんな果敢なく，亡びゆく弱きものと共に消失せてしまうのでしょうか．おおそれはあまりにいたましい名残惜しい事で御座います．

アイヌに生れアイヌ語の中に生いたった私は，雨の宵，雪の夜，暇ある毎に打集って私たちの先祖が語り興じたいろいろな物語の中極く小さな話の一つ二つを拙ない筆に書連ねました．

私たちを知って下さる多くの方に読んでいただく事が出来ますならば，私は，私たちの同族祖先と共にほんとうに無限の喜び，無上の幸福に存じます．

大正十一年三月一日　　知里幸惠

蛙が自らを歌った謡 Terkepi yaieyukar,
「トーロロ ハンロク ハンロク！」〝Tororo hanrok hanrok!〟

トーロロ　ハンロク　ハンロク！
Tororo hanrok, hanrok!

「ある日に，草原を飛び廻って
Shineantota muntum peka terketerkeash

遊んでいるうちに見ると，
shinotashkor okayash aine ingarash awa,

一軒の家があるので戸口へ行って
shine chise an wakusu apapaketa payeash wa

見ると，家の内に宝の積んである側に
inkarash awa, chiseupshotta ikittukari

高床がある．その高床の上に
chituyeamset chishireanu. Amset kata

一人の若者が鞘を刻んでうつむいて
shine okkaipo shirkanuye kokipshirechiu

いたので，私は悪戯をしかけようと思って敷居の上に
okai chiki chirara kusu tonchikamani kata

坐って，「トーロロ　ハンロク　ハンロク！」と
rokash kane. 〝Tororo hanrok, hanrok!〟 ari

鳴いた，ところが，彼の若者は刀持つ手を上げ
rekash awa, nea okkaipo tam tarara

私を見ると，ニッコリ笑って，
unnukar awa, sancha otta mina kane,

「それはお前の謡かえ？　お前の喜びの歌かえ？
〝Eyukari ne ruwe? esakehawe ne ruwe?

もっと聞きたいね．」というので
na henta chinu.〟 itak wakushu

私はよろこんで「トーロロ　ハンロク　ハンロク！」と
chienupetne, 〝Tororo hanrok, hanrok!〟 ari

鳴くと，彼の若者のいう事には，
rekash awa nea okkaipo ene itaki:——
「それはお前のユーカラかえ？　サケハウかえ？
〝Eyukari ne ruwe? esakehawe ne ruwe?
もっと近くで聞きたいね．」
na hankenota chinu okai.〟
私はそれをきいて嬉しく思い下座の方の
hawashchiki chienupetne, outurun
炉縁の上へピョンと飛んで
inumpe kata terkeashtek,

「トーロロ　ハンロク　ハンロク！」と鳴くと
〝Tororo hanrok, hanrok!〟rekash awa

彼の若者のいうことには，
nea okkaipo shui ene itaki:——

「それはお前のユーカラかえ？　サケハウかえ？
〝Eyukari ne ruwe? esakehawe ne ruwe?
もっと近くで聞きたいね．」それを聞くと私は，
na hankenota chinu okai.〟hawash chiki,

本当に嬉しくなって，上座の方の炉縁の
shino chienupetne, roruninumpe

隅のところへピョンと飛んで
shikkeweta terkeashtek,
「トーロロ　ハンロク　ハンロク！」と鳴いたら
〝Tororo hanrok, hanrok!〟rekash awa
突然！彼の若者がパッと起ち
arekushkonna nea okkaipo matke humi
上ったかと思うと，大きな薪の燃えさしを
shiukosanu, hontomota shi apekesh
取り上げて私の上へ投げつけた音は
teksaikari unkaun eyapkir humi

体の前がふさがったように思われて，それっきり
chiemonetok mukkosanu, pateknetek

どうなったかわからなくなってしまった.
nekona neya chieramishkare.

ふと気がついて見たら
Hunakpaketa yaishikarunash inkarash awa,

芥捨《あくすて》場の末に，一つの腹のふくれた蛙が
mintarkeshta shine piseneterkepi

死んでいて，その耳と耳との間に私はすわっていた.
rai kane an ko ashurpeututta okayash kanan.

よく見ると，ただの人間の家
pirkano inkarash awa, useainu unchisehe
だと思ったのは，オキキㇼムイ，神の様に
ne kuni chiramuap Okikirmui kamui rametok
強い方の家なのであった，そして
unchisehe neawokai ko
オキキㇼムイだという事も知らずに
Okikirmui nei ka chierampeutekno
私が悪戯をしたのであった．
iraraash ruwe neawan.

私はもう今この様につまらない死方，悪い死方
Chiokai anak tane tankorachi toi rai wen rai
をするのだから，これからの
chikishiri tapan na, tewano okai
蛙たちよ，決して，人間たちに悪戯をするのではないよ．
terkepiutar itekki ainuutar otta irara yan.
と，ふくれた蛙が云いながら死んでしまった．
ari piseneterkepi hawean kor raiwa isam.

知里幸惠編訳「アイヌ神謡集」より

【この物語の内容】主人公は一匹の蛙。一軒の家に入り込んだら、そこはオキキㇼムイという神の家で、悪戯しようとして殺されてしまう、という内容だ。じめじめした沼地にいる蛙は、意外にもアイヌにとって忌むべき存在だった。蛙には近づくなという教訓を教えている。「トーロロ　ハンロク　ハンロク！」という言葉がカムイユカㇻの特徴であるリフレインで謡われている。

知里幸恵の年表

1903年（明治36）
北海道登別にて、知里高吉とナミの長女として生まれる。

1910年（明治43）
上川第三尋常小学校に入学。9月、近文に上川第五尋常小学校に移籍。

1916年（大正5）
尋常小学校を卒業。上川第三尋常高等小学校に入学。

1917年（大正6）
旭川区立女子職業学校に110人中4番で合格。

1918年（大正7）
金田一京助と出会う。

1920年（大正9）
女子職業学校を卒業。
独自の表記法でカムイユカㇻなどの筆記を始める。

1921年（大正10）
「アイヌ伝説集」ノートを金田一に送る。

1922年（大正11）
5月に上京して金田一宅に身を寄せるも、9月18日に心臓麻痺で急逝。

1923年（大正12）
「アイヌ神謡集」が刊行される。

第三章　北の大地に息づく文化を訪ねて――アイヌゆかりの地を巡る

北の大地でアイヌの世界を旅して日本の多様性を体感する

北海道で直接出会いたいアイヌの文化や人々

アイヌ民族に興味を抱いたなら、ぜひ北海道を訪れて直に文化や歴史に触れてみよう。道内各地には当時の民具展示や古式舞踊の実演などで、アイヌの伝統的文化を紹介する施設が数多く存在している。なかにはアイヌ語を録音したレコードを聴くことができたり、ムックリの演奏を体験できたりする所もある。挑戦してみればわかるが、初心者だとムックリは鳴らすことも難しい。本だけではわからない貴重な体験の機会となるだろう。

また白老《しらおい》町のアイヌ民族博物館（P160※2020年の国立博物館誕生に向けて休館中）のように実際にアイヌを出自とする人々が文化伝承のために働いていることも多い。気になることがあれば聞いてみよう。きっと色々な話を教えてくれるはずだ。

北海道初の伝統的工芸品に指定されたイタ（盆）とアットゥシ（樹皮織物）

伝統的工芸品とは「伝統的工芸品産業の振興に関する法律（伝産法）」によって定められた日本の伝統工芸品のこと。織物、漆器、和紙など2018年の時点で全国で230点が指定されているが、北海道では2013年に指定された〝二風谷《にぶたに》イタ〟と〝二風谷アットゥシ〟のみである。この法律は伝統的技術・技法の伝承や地域の経済発展・雇用創出に寄与することを目的としたもので、下記の5つの要件を満たすことが必要とされる。①日用品であること　②手工業的であること　③伝統的な（100年以上）技術・技法であること　④伝統的に使用された原材料であること　⑤一定の地域で産地形成がなされていること、である。二風谷イタは沙流川《さるがわ》流域に伝わる木製の浅く平たい形状の盆で、渦を巻いた独特のアイヌ文様やウロコ彫りが特徴。作り手による違いが楽しめる工芸品といえる。二風谷アットゥシはオヒョウなど樹皮の内皮で作った糸を用いて機織りした反物。とても強靭な繊維で水に強く、通気性に優れ、着物や半纏《はんてん》、帯、小物などに用いられる。これらの伝統工芸品が受け継がれている平取町《びらとりちょう》二風谷地区には、職人たちの工房があり、現在もそれぞれが個性の光る作品を製作している。

「アイヌ文化」をもっと知るためのガイドマップ

旭川市博物館《あさひかわしはくぶつかん》
（旭川市）P185
川村カ子トアイヌ記念館《かわむらかねとあいぬきねんかん》
（旭川市）P185
択捉島
国後島
北海道立北方民族博物館《ほっかいどうりつほっぽうみんぞくはくぶつかん》
（網走市）P184
色丹島
弟子屈町屈斜路コタン アイヌ民俗資料館《てしかがちょうくっしゃろこたんあいぬみんぞくしりょうかん》
（弟子屈町）P187
歯舞郡島
阿寒湖アイヌコタン《あかんこあいぬこたん》
（釧路市）P186
根室
釧路
釧路市立博物館《くしろしりつはくぶつかん》
（釧路市）P187
帯広
帯広百年記念館《おびひろひゃくねんきねんかん》
（帯広市）P186
幕別町蝦夷文化考古館《まくべつちょうえぞぶんかこうこかん》
（幕別町）P188
様似郷土館《さまにきょうどかん》
（様似町）P181
新ひだか町アイヌ民俗資料館《しんひだかちょうあいぬみんぞくしりょうかん》
（新ひだか町）P184
シャクシャイン記念館《しゃくしゃいんきねんかん》
（新ひだか町）P183

実際に自分の目で見て アイヌ民族について知ろう

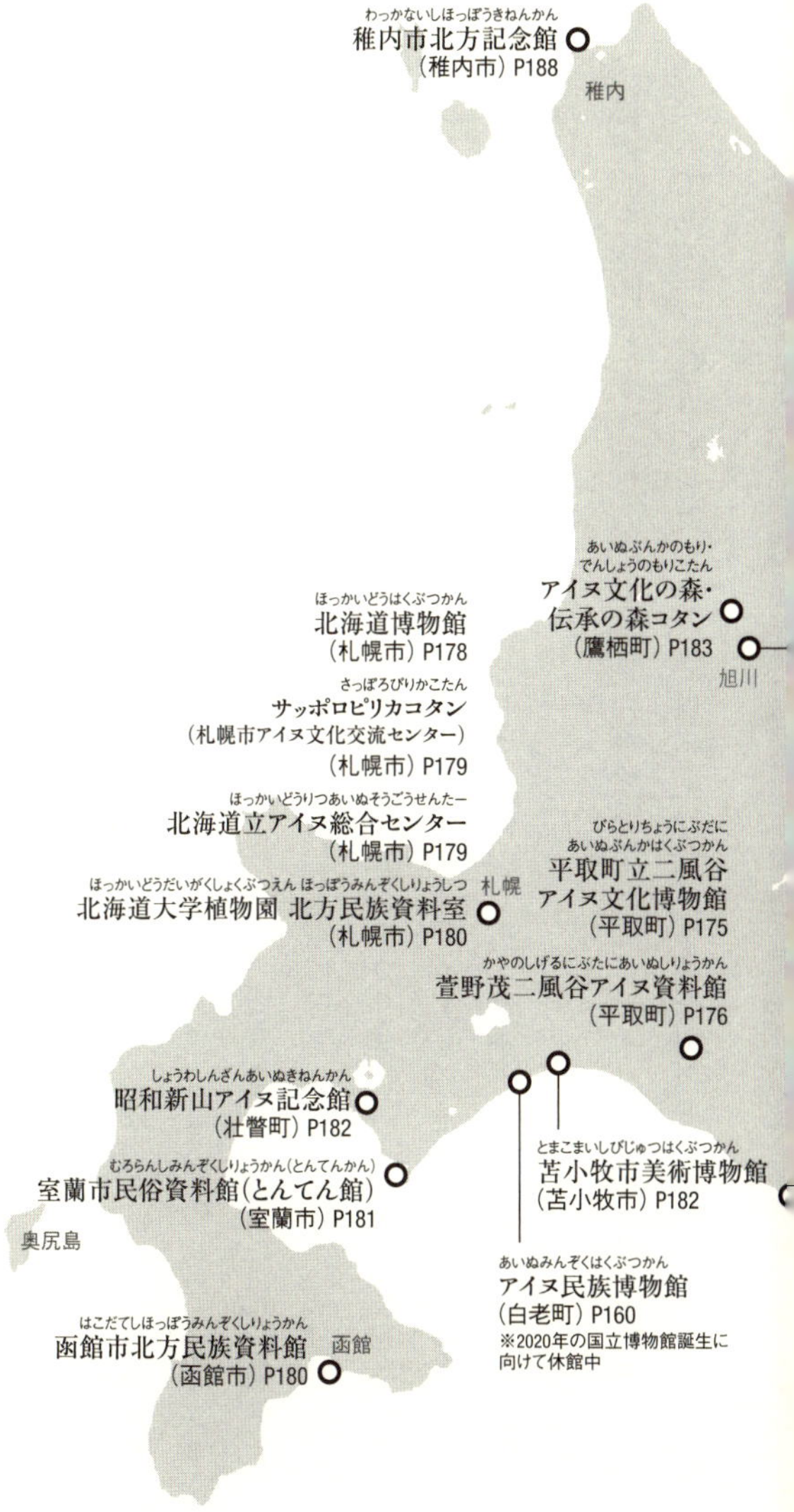
稚内市北方記念館《わっかないしほっぽうきねんかん》
（稚内市）P188
稚内
アイヌ文化の森・伝承の森コタン《あいぬぶんかのもり・でんしょうのもりこたん》
（鷹栖町）P183
旭川
北海道博物館《ほっかいどうはくぶつかん》
（札幌市）P178
サッポロピリカコタン《さっぽろぴりかこたん》
（札幌市アイヌ文化交流センター）
（札幌市）P179
北海道立アイヌ総合センター《ほっかいどうりつあいぬそうごうせんたー》
（札幌市）P179
北海道大学植物園《ほっかいどうだいがくしょくぶつえん》 北方民族資料室《ほっぽうみんぞくしりょうしつ》
（札幌市）P180
札幌
平取町立二風谷《びらとりちょうにぶだに》
アイヌ文化博物館《あいぬぶんかはくぶつかん》
（平取町）P175
萱野茂二風谷アイヌ資料館《かやのしげるにぶたにあいぬしりょうかん》
（平取町）P176
昭和新山アイヌ記念館《しょうわしんざんあいぬきねんかん》
（壮瞥町）P182
室蘭市民俗資料館（とんてん館）《むろらんしみんぞくしりょうかん（とんてんかん）》
（室蘭市）P181
苫小牧市美術博物館《とまこまいしびじゅつはくぶつかん》
（苫小牧市）P182
奥尻島
アイヌ民族博物館《あいぬみんぞくはくぶつかん》
（白老町）P160
※2020年の国立博物館誕生に
向けて休館中
函館市北方民族資料館《はこだてしほっぽうみんぞくしりょうかん》
函館
（函館市）P180

2020年に国立博物館が誕生【白老町】アイヌ文化の発信拠点へ

アイヌ文化を受け継ぎ次世代の担い手を育てる

アイヌ文化を色濃く感じられる北海道の白老町《しらおい》。川、湖、海が近くにある好立地であり、古くからアイヌの人々は集落を形成してきた。町名はアイヌ語のシラウオイ（アブの多い所）に由来するとされる。その白老町にある大きなポロト湖の畔に伝統的家屋であるチセが建ち並んでいる。アイヌ文化発信基地のひとつ、アイヌ民族博物館である。2020年には国による「民族共生象徴空間」が生まれ、そのなかに国立アイヌ民族博物館が設立される予定だ。5000点以上の民具資料を所蔵し一部を展示しているが、特筆したいのはチセを復元してその中で古式舞踊やアットゥシ作りの実演を毎日行っていることである。

博物館を案内してくれたのは学芸員の八幡巴絵さん。アイヌの文化継承を担う若手の一人である。八幡さんをはじめ、館員の半分はアイヌを出自としており、それぞれ

野外展示されている伝統的家屋のチセ。体験学習などでも利用されている。

アイヌ文化を伝える野外博物館

アイヌ民族博物館《あいぬみんぞくはくぶつかん》

美しいポロト湖畔に広がる野外博物館。通称“ポロトコタン”とはアイヌ語で大きな湖の集落を意味している。白老には昔からアイヌの集落があり、戦後は多くの観光客で賑わう土地だった。そこで昭和40年代に整備されたのが、このアイヌ民族博物館である。園内には大小5棟のチセが立ち並んでおり、そのなかで伝統工芸や芸能の実演を行っている。

北海道白老郡白老町若草町2-3-4
☎0144-82-3914
アクセス／JR「白老駅」より徒歩13分
www.ainu-museum.or.jp/

※一般財団法人アイヌ民族博物館は2018年3月31日をもって休館。2020年、国立アイヌ民族博物館・国立民族共生公園として新たに生まれ変わる。

1984年にアイヌ民族専門の博物館としてポロトコタン内に開館。北海道、樺太、千島列島、東北地方北部に住んでいたアイヌの文化資料を所蔵・展示。

敷地内には“プ”と呼ばれる食糧庫も再現されている。家の南窓に面したよく見える場所に建てられている。

が自由に研究に勤しんでいる。
「白老町だけでなく色々な地域のアイヌの人たちと協力していくことが大事です。ここが心の拠り所になればと思います」と八幡さん。学芸員になったきっかけは大学生の時にハワイのランゲージセンターを訪問したこと。アイヌについて聞かれても全く答えられず、現地の人に怒られてしまった。そこでは先住民族について学ぶのは当たり前という風土だったのである。そのことに八幡さんは衝撃を受けてアイヌの歴史や文化を学び始めたのだという。

民具資料だけでなく〝アイヌの生活〟を展示する

「昭和8年生まれのおばあちゃんからはアイヌ語を教わりませんでした。ひいおばあちゃんは20代くらいまでアイヌ式の生活をしていたそうですが、これからは日本式を

八幡さんの高祖母にあたる上野ムイテクン媼。幕末〜明治初期頃に生まれた人だという。

覚えた方がいいと子供にアイヌの文化を教えなかったのです」。これは開拓政策のなかで、文化伝承が難しくなったためである。この博物館はそうした文化の復興が大きな目標のひとつだ。

ここは〝ポロトコタン（大きい湖の集落）〟という名前でも親しまれており、約2万㎡の敷地に博物館やミュージアムカフェ、体験館、野草園などがある。なかでも毎時15分から講演されている古式舞踊公演は目玉のひとつ。アイヌ雑学を軽妙に教えてくれるおじさん、ムックリやトンコリなどの演奏、アイヌの童謡「ピリカの唄」の披露、イオマンテリㇺセに代表される古式舞踊の実演など盛りだくさんの内容である。儀礼や舞踊と聞くと少し固い印象を受けるかもしれないが、例えば踊りは様々なものが存在する。イオマンテの宴では誰かが踊りだすと、だんだんと大きな輪になっていき最後は大勢で踊り始める。そこには平穏な生活に感謝をして、神々と喜びを分かち合う姿が表現されているのだ。こうした踊りや言葉などの無形文化を伝えていくのは大変なこと。それを発表する貴重な場にもなっている。

なお、アイヌ民族博物館の一般財団法人としての活動は、2018年3月31日で一度区切りをつけることとなった。4月1日付で札幌の公益財団法人アイヌ文化振興・

研究推進機構と合併。「公益財団法人アイヌ民族文化財団」として発足後、2020年開設の民族共生象徴空間(以下、象徴空間)の準備活動に移っている。

新たに開設される象徴空間は、「アイヌ文化復興の扇の要」と位置付けられ、長い歴史と自然のなかで培われてきたアイヌの文化を多角的に伝承・共有すること、アイヌ民族の心の拠り所となること、国民全体が互いに尊重し共生する社会のシンボルとなること、国内外の人々、子供から大人までの幅広い世代がアイヌの世界観、自然観などを学ぶことができるような機能を有する空間となることを目指している。

上/アイヌ民族は樹木を理解し利用する知恵に長けている。下/囲炉裏に立てられた神に捧げられる祭具・イナウ。家の壁など至る所に見られる。

沙流川流域に受け継がれるアイヌの伝統工芸を訪ねる【二風谷】

アイヌの人々が暮らす沙流川流域の二風谷を巡る

北海道の日高・胆振《いぶり》地方はアイヌ民族が多く暮らす地域といわれている。なかでも日高山脈に端を発する沙流川《さるがわ》の流域は、かつてアイヌのコタンが数多く点在していた。またオプシヌプリと呼ばれる山をはじめ、オキクルミの伝承も数多く残された地域である。そもそも沙流川はアイヌ語のサラ（葦原）に由来。また物語などでは〝本当にあたりを詰まらせる川〟の意でシシリムカと呼ばれてきた。これは多くの土砂が流されてくる川であることを物語っている。

この沙流川沿いにあるのが、アイヌの伝統を色濃く残す平取町の二風谷と呼ばれる地域。アイヌ語では「大森林」や「野の林」の意味だという説がある。流域に点在する遺跡からは、17世紀前後の出土品も発掘されており、当時のアイヌの生活も明らかにされている。

アイヌの集落が点在した

シシリムカ=沙流川
【Sisirmuka】

かつて沙流川流域には2〜3kmごとにアイヌのコタンが点在しており、川で鮭を採り、山でシカ狩りなどを行っていた。シシリムカとは“本当にあたりを詰まらせる川”の意。

そのため二風谷はアイヌ文化研究の拠点になり、明治時代には宣教師でありアイヌ研究家のジョン・バチェラーや、言語学者の金田一京助などが訪れて研究成果を残した。

また北海道で初めて伝統的工芸品として認定された〝二風谷イタ〟と〝二風谷アットゥシ〟も知られている。職人が経営する工芸品店、工房などがあり、また様々な民具を展示する博物館や歴史館などもある。アイヌの文化を学び、そして触れるには最適の場所である。

貝澤徹さんのイタ【ｉｔａ】＝（盆）

精巧かつ大胆に彫り上げるアイヌ文様

北海道で初めて伝統的工芸品に指定された二風谷イタ。明治時代はアイヌ細工として販売されていたもので、すじ彫りやうろこ彫りなどの美しい彫刻が施されているのが特徴だ。

そのイタ作りの第一人者として知られるのが「北の工房 つとむ」の店主・貝澤徹さん。曽祖父の貝澤ウトレントクさんも明治時代の名工として知られた人物である。

「高校生までは特に将来について考えていませんでしたが、当時は観光ブームで賑わっていました。食いっぱぐれないかなと父の跡を継いだんです（笑）。でもそれは大きな間違いだと後にわかりました」

一人前になるには10年以上はかかる厳しい道である。徹さんはこれまで40年以上研鑽を積んできた。道具にもこだわり、亡くなった北海道の鍛冶屋さんがこしらえてくれた特注の刃は何十年も大切に使っている。そしてアイヌ文様が刻まれた彫刻刀の柄は一つひとつ自分の手に合わせて調節されている。

「本物であること、良いものであることが大切だと考えています。インターネットの

カツラの木を使って作られたイタ。左右から中心に向かって曲がる文様はモレウノカ。刺の形はアユシ、蕾はアパポエプイと呼ぶ。価格は2万8000円〜。

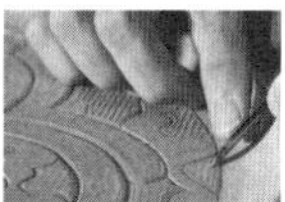

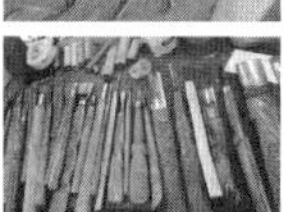

右上／一つひとつ精密に彫られるうろこ模様。右下／徹さんの愛用道具。20代の頃から使用しているものもある。左／代表的なアイヌ文様・モレウノカは“静かに曲がる形”の意。中心の菱形は神の目と呼ばれるカムイシク。

写真だけではわかりません。本物を見ないと。文様が注目されがちですが、実は〝間〟つまり余白のバランスが大事なのです。昔のものを見ていると歪《いびつ》だけど味があるものが多い。意図的にはずしている部分を感じます」と徹さん。冬は作品の制作に没頭できる季節。夏に向けてこれから様々な作品を仕上げていく。

貝澤徹《かいざわ・とおる》

1958年、二風谷生まれ。工芸家の父や仲間の職人に囲まれて育つ。曾祖父の貝澤ウトレントクは明治時代の名工の２人のうちの一人。伝統を重視しながら、独自の感性と技術を溶け込ませて、自分らしさやメッセージを表現する、独創的なアイヌアートに取り組む。北海道アイヌ伝統工芸展北海道知事賞ほか受賞多数。

力強く繊細な文様が印象的な徹さん作のマキリ。かつて男性はメノコマキリ（女用小刀・写真上）を作ってプロポーズの際にプレゼントした。それが男の甲斐性だった。

北の工房《きたのこうぼう》 つとむ

北海道沙流郡平取町二風谷
☎01457-2-3660
営業時間／8:00〜18:00
休み／不定休
アクセス／JR「富川駅」より振内・日高方面の道南バス20分「資料館前」下車すぐ
kitanokoubou.jimdo.com/

貝澤雪子さんのアットゥシ【attus】＝（樹皮織物）

樹皮から生まれる丈夫な織物

アットゥシとはオヒョウの樹皮で織ったアイヌの代表的な織物のこと。二風谷イタと共に〝二風谷アットゥシ〟として北海道初の伝統的工芸品に指定されている。

「昔はねぇ、立ったまま樹皮を剥いだんですよ」。そう語るのは長年アットゥシ作りに携わってきた貝澤雪子さんである。日勝峠《にっしょう》で生まれた雪子さんは5歳の時に二風谷に来た。当時は電気もなく遠い所から天秤棒《てんびん》で水を汲んでくるような時代だった。19歳から始めた織物は姑さんから習った。76歳の雪子さんは半世紀以上織り続けてきたことになる。

「体が辛い時もあるけれど寝ない。具合が悪くても少し体を動かしていた方がいいから」と話す雪子さん。

明日やるのではなく、今日やる。だから車の移動時間だって惜しい。最も手間がかかる樹皮の糸裂きは移動中の車内などでも行うのだという。

雪子さんは樹皮を剥いで糸作りをするところから携わる。荒皮を山でとってきてすぐに煮る。これが力仕事だ。この作業は春と秋に行うもので、水が凍る冬だと灰汁が

和服用の帯などにも利用されているアットゥシ。アカネの赤色、マリーゴールドの黄色などで優しくかつ鮮やか色合いを表現している。

うまく出ないのである。そしてカビないように干して保存する。樹皮の内皮は何重にも繊維が重なっていて、これを一枚一枚剥がす。手慣れた手つきで雪子さんは剥がしていくが、慣れていないと途中で破れてしまう繊細さを要する作業である。それを2～3㎜の細さに裂いて、一本一本を撚《よ》って長い糸を作る。こうした一連の作業を1年のサイクルのなかで行う。

また雪子さんのアットゥシは草木染めを取り入れているのも特徴だ。マリーゴールドやアカネ、クルミなど約10色ほどある。これらを鮮やかに組み合わせて現在は和服用の帯などを制作する。「今は仕事が楽しくて仕方ない。一日に働くのは10時間くらい。合間に違う工程をこなして飽きがこないように工夫しています」と雪子さん。アイヌ女性の仕事を現在に受け継ぐ名人である。

貝澤雪子《かいざわ・ゆきこ》

半世紀以上にわたってアットゥシ作りを手がける。オヒョウの皮で作るアットゥシを、キハダの樹皮やアカネ、クルミなどの草木や花で染め上げる。出来上がった織物は、美しい和服の帯やバッグ、財布などになる。モットーは「死ぬまで勉強」。2011年に北海道アイヌ協会より優秀工芸師に認定されている。

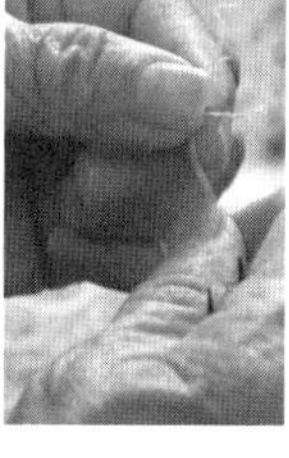

上／何重にも重なったオヒョウの内皮を剥がす雪子さん。下左／糸を結んで一本の長い糸にしていく作業。糸を撚ることで親指の爪が摩耗して、一部分だけが凹んでしまうという。下右／約30年前から始めた草木染めで様々な色のバリエーションを実現できるようになった。

尾崎剛さんのチセ【cise】＝（家）

伝統的な工法で家を建てる

アイヌにとって木や植物は住まいの材料にもなった。それが伝統的家屋のチセである。二風谷ではチセが何棟も復元されており、往時の集落の様子を伝えている。これらのチセ造りを担っているのが尾崎剛さんである。30年前、故・萱野茂さんたちの手伝いをしていたという尾崎さんは作り方も見ながら覚えた。そして担い手だった人々が鬼籍に入るなかで〝これでは誰もいなくなってしまう〟と危機感を抱いていたという。そんななか助成事業で5棟のチセを建てることになった。「〝アイヌは無駄を嫌う文化〟だと言われています。そこにあるものを効率的に使っている。最新設備を使って現代の人でも住めるようにもできますが、伝統を崩してまでやろうとは思いません」と尾崎さん。今は修業に来る若い人材の育成に力を注いでいる。これから日本各地でもチセを復元予定。そこで尾崎さんたちのチセを見ることができるだろう。

尾崎剛《おざき・つよし》

イタ（お盆）・タシロ（山刀）などの木彫り職人であり、二風谷をはじめ日本各地で活動するチセ造りの第一人者。アイヌ文化振興に尽力した故・萱野茂氏のもとチセ造りに参加し、技術や知識を覚えた。二風谷の博物館敷地に、制作したチセの集落が並ぶ。技術伝承や後継者育成を目指している。

漁猟などで活躍したチㇷ゚(丸木舟)も再現。“我ら乗るもの”の意味で生活の必需品だった。ヤナギの木などでできている。

アイヌの一生を時系列にたどる

平取町立二風谷《びらとりちょうりつにぶたにあいぬぶんかはくぶつかん》
アイヌ文化博物館

現代にアイヌ文化を受け継ぎ、新たな伝統の創造を目指すことをテーマとした博物館。館内は暮らし、信仰、狩猟採集、造形デザインの４つのスペースに分かれている。子供の遊び道具から狩猟、そして儀礼へと展示資料が変化していき、まるで人の一生をたどるように見学できる。仕掛け弓を再現したコーナーもあり、実際に弓を飛ばす体験もできる。その威力は大きく、矢毒によってヒグマでも5〜10分程度で死に至るほどだという。また展示のなかでは鉄鍋が多いことにも気づく。案内をしてくれた学芸員の長田さんは「アイヌは鉄鍋の食文化です。とにかく煮る料理が多いのが特徴。こうした鍋物文化は北海道を含む日本列島に広く見られます」と話す。さらにこうした展示だけでなく平取町では中央公民館などで毎年踊りなどの発表会も行っている。資料収集と共に文化継承のための取り組みが大切にされている。

北海道沙流郡平取町二風谷55
☎01457-2-2892　開館時間／9:00〜17:00
入館料／400円　休館日／11月16日〜4月15日の月曜、12月16日〜1月15日　アクセス／JR「富川駅」より　振内・日高方面の道南バス20分「資料館前」下車すぐ　www.town.biratori.hokkaido.jp/biratori/nibutani/

制裁棒「ストゥ」。村のなかで男女間の不義密通や盗みなどがあった時に人々が集まって相談し制裁のために使用した。乱用は許されない。

鮭の皮で作られた魚皮衣の展示。衣類に魚皮を用いるのは中国の赫哲（ホジェン）族とアイヌ民族くらいでとても珍しいものだ。

上／約150年前に作られた二風谷のチカラカラペ【chikarkarpe】（切り伏せ刺繍した袷の着物）を説明してくれる萱野志朗さん。右／萱野茂二風谷アイヌ資料館の外観。一階はアイヌに関する資料の展示。二階は世界の少数先住民族に関する展示となっている。

貴重な資料の数々を展示

萱野茂《かやのしげる》二風谷《にぶたに》アイヌ《あいぬ》資料館《しりょうかん》

故・萱野茂氏が私財を投じて建てた資料館である。萱野氏は二風谷に生まれ、生涯にわたってアイヌ文化の伝承と研究に力を尽くした人物。アイヌ民族で初めての国会議員としても知られ、数多くの著作を残した。現在、館長を務めているのは息子の萱野志朗さんである。「この資料館は萱野茂が40年余にわたって収集してきた民具などの資料を展示しています。アイヌが独力で初めて作った資料館で、これらの資料を恒久的に保存することを目的として建てられました」と志朗さん。202点が国の重要有形民俗文化財の指定を受けており、これだけの数が揃う場所はほかにない。また建物の２階には萱野茂氏の彫刻刀の展示や書斎の復元がある。そして世界の少数先住民族に関する写真や民具資料なども展示している。「日本には多様性があります。そうした価値観が認められること。それが成熟した社会だといえるのではないでしょうか」と志朗さんは話す。

北海道沙流郡平取町二風谷79-4
☎01457-2-3215　開館時間／9:00～17:00
入館料／400円　休館日／無休（冬期は要事前連絡）　アクセス／苫小牧駅前バスターミナルより振内・日高方面の　道南バス1時間10分「資料館前」下車、徒歩5分
www.geocities.jp/kayano_museum/

縄文時代の土器やアイヌ文化期のガラス玉など豊富な資料を展示。平取町立二風谷アイヌ文化博物館の隣りなので合わせて見学したい。自転車の無料貸し出し（5〜10月）も行っているので散策前に立ち寄るのもいい。

沙流川流域の出土品が並ぶ

沙流川歴史館《さるがわれきしかん》

先史時代から人々が暮らしてきた沙流川流域。かつては川沿いの2〜3kmごとにアイヌのコタン（集落）が点在していた。ここでは平取地域の歴史や、出土した遺物、チャシ（砦）跡の発掘調査の様子などを展示する。旧石器時代の石器や縄文時代の土器が並んでいるなど、先史時代からの様子を垣間見ることができる。

北海道沙流郡平取町二風谷227-2
☎01457-2-4085
開館時間／9:00〜16:30　入館料／無料
休館日／月曜（月曜が祝日の場合は翌日休）、年末年始（12月30日〜1月5日）
アクセス／JR「富川駅」より振内・日高方面の道南バス20分「資料館前」下車、徒歩5分
www.town.biratori.hokkaido.jp/kankou/bunka/bunka9/

アイヌ文化を見て、触れて、正しく学べる！

北海道の博物館&資料館ガイド㉑

札幌市

北海道の自然・歴史・文化を知る総合博物館

北海道博物館《ほっかいどうはくぶつかん》

北海道開拓記念館と道立アイヌ民族文化研究センターという2つの施設が統合した博物館。「アイヌ文化の世界」を含めた5つのテーマで展示が構成されており、北海道の自然・歴史・文化を学べる。アイヌ文化に関する講座を開いたり、楽器に触れることができたりと、随所に楽しい工夫が凝らしてある。

北海道札幌市厚別区厚別町小野幌53-2　☎011-898-0466　開館時間／9:30〜16:30（入館は閉館の30分前まで※5月〜9月は17時まで）　休館日／月曜（祝日・振替休日の場合は直後の平日）、年末年始（12月29日〜1月3日）ほか臨時休館有　入館料／600円など　アクセス／JR「新札幌駅」より新22開拓の村行きJRバスで約15分「北海道博物館」下車すぐ　www.hm.pref.hokkaido.lg.jp

千歳地方で使われていた丸木舟。上にはマレクという銛などが展示されている。

木綿製の晴れ着

実際に衣服の布地（樹皮など）に触れるコーナーもある。

札幌市

見て触れて楽しめるアイヌの体験施設

サッポロピリカコタン《さっぽろぴりかこたん》(札幌市アイヌ文化交流センター《さっぽろしあいぬぶんかこうりゅうせんたー》)

伝統衣服や民具など約300点を展示しており、ほぼ全てを手にとって触れることができる。映像やクイズなどもあり、楽しくアイヌ文化を学べる。またアイヌ文化体験講座が開催されることもあり、木彫りやアイヌ文様の刺繍などに挑戦できる。

北海道札幌市南区小金湯27　☎011-596-5961　開館時間／8:45～22:00（※展示室は9:00～17:00）　休館日／月曜、祝日、毎月最終火曜、年末年始（12月29日～1月3日）　入館料／200円（展示室観覧料）　アクセス／JR「札幌駅」より快速7か快速8の定山渓温泉行きバスで約1時間「小金湯」下車、徒歩約6分　www.city.sapporo.jp/shimin/pirka-kotan/

札幌市

アイヌ文化の学習に必要な情報が揃う

北海道立アイヌ総合センター《ほっかいどうりつあいぬそうごうせんたー》

アイヌ民族の歴史認識を深めることや文化の伝承、保存の促進を目的に設置。民族資料展示室と図書情報資料室、保存実習室の機能を連携させることやアイヌ自らの情報を発信することにより、人と地域、教育や研究機関等の活動と情報が行き交う施設となっている。

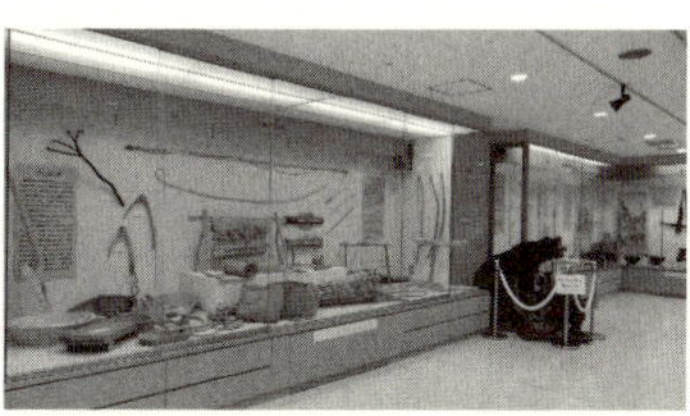

北海道札幌市中央区北2条西7
☎011-221-0462（北海道アイヌ協会）　開館時間／9:00～17:00
休館日／日曜、祝祭日、年末年始　入館料／無料
アクセス／JR「札幌駅」より徒歩10分　www.ainu-assn.or.jp/

※P161掲載の一般財団法人アイヌ民族博物館は、2018年3月31日をもって休館。2020年、国立アイヌ民族博物館・国立民族共生公園として新たに生まれ変わる。

札幌市

アイヌ民族など北方民族の資料を展示

北海道大学植物園北方民族資料室《ほっかいどうだいがくしょくぶつしつほっぽうみんぞくしりょうしつ》

アイヌ民族を中心に北海道周辺の北方諸民族に関する資料を展示。貴重な明治初期のアイヌ文化資料が多く、衣類や儀礼用具、狩猟用具などの生活用具に加え、住居や罠の模型のように教育・研究用に作られた資料も。1935年に撮影された熊送りの映像も視聴できる。

北海道札幌市中央区北3条西8　☎011-221-0066
開園時間／4月29日～9月30日は9:00～16:30、10月1日～11月3日は9:00～16:00（4月29日～11月3日以外は閉園）　休園日／月曜（祝日の場合は翌日）　入園料／高校生以上420円、小・中学生300円　アクセス／JR「札幌駅」より徒歩約10分　www.hokudai.ac.jp/fsc/bg/

函館市

アイヌ民族資料の貴重なコレクション

函館市北方民族資料館《はこだてしほっぽうみんぞくしりょうかん》

学者や篤志家、開拓使たちによって集められた、世界的にも貴重な資料を展示している。特に馬場脩氏ら学者たちが集めたアイヌ民族資料コレクションは、多くの研究機関に紹介されている。かつての函館の金融街に位置し、旧日本銀行函館支店の建物を活用している。

北海道函館市末広町21-7　☎0138-22-4128
開館時間／9:00～17:00（※4月～10月は19時まで）　休館日／年末年始（12月31日～1月3日）ほか
入館料／300円　アクセス／市電「末広町停留所」下車、徒歩1分
www.zaidan-hakodate.com/hoppominzoku

室蘭市

室蘭の開拓の歴史とアイヌ民族の文化に迫る

室蘭市民俗資料館《むろらんしみんぞくしりょうかん》(とんてん館《とんてんかん》)

古くから港町として発展してきた室蘭を４つのテーマで体系的に紹介する資料館。とんてん館という愛称で親しまれている。アイヌ民具をはじめ縄文、屯田兵、鉄道、開拓、造船など郷土に関する資料約３万点を収蔵し、常設展示室や収蔵陳列室などで展示公開。

北海道室蘭市陣屋町2-4-25　☎0143-59-4922　開館時間／10:00〜16:00(入館は30分前まで)　休館日／月曜(祝日は翌日)、年末年始、整理休館(1/20〜3/19)　入館料／無料　アクセス／JR「東室蘭駅」下車、白鳥台行きまたは洞爺湖温泉行き道南バスで約25分「陣屋」下車、徒歩約5分　www.city.muroran.lg.jp/main/shisetsu/minzoku.html

---

様似町

アイヌ民族が儀式に使用した道具などを展示

様似郷土館《さまにきょうどかん》

日高管内でも最も古くからある資料館。アイヌ民族と共に様々な公営事業を実施した矢本家の古文書のほか、蝦夷三官寺のひとつ等澍院やかつて様似の地にあったシャマニ会所の古文書や絵図など、ここでしか見られない資料が多く展示されているのだ。

北海道様似郡様似町会所町1　☎ 0146-36-3335　開館時間／10:00〜16:30
休館日／月曜、祝日の翌日(ただし、その日が土曜日、日曜日及び月曜日にあたる時は、その翌開館日)、年末年始　入館料／無料　アクセス／JR「様似駅」より徒歩約15分
www.apoi-geopark.jp/other/samani_kyoudokan.html

苫小牧市

アイヌの美しい工芸品などが見られる

苫小牧市美術博物館《とまこまいしびじゅつはくぶつかん》

苫小牧市にある博物館と美術館の複合施設。苫小牧の文化を知ることができる歴史的資料や芸術品を収蔵する。アイヌの装飾品や衣服、大きな丸木舟が展示されており、丸木舟はチプ(河川用の舟)とイタオマチプ(海用の舟)の2種類があり、へりにアイヌ文様が刻まれている。

北海道苫小牧市末広町3-9-7　☎ 0144-35-2550
開館時間／9:30〜17:00　休館日／月曜、年末年始　入館料／300円
アクセス／JR「苫小牧駅」から新千歳空港行きもしくは札幌駅前行き市内路線バスで約10分「出光カルチャーパーク」下車、徒歩5分　www.city.tomakomai.hokkaido.jp/hakubutsukan/

壮瞥町

チセの中での様子も体験できる

昭和新山アイヌ記念館《しょうわしんざんあいぬきねんかん》

記念館全体が、アイヌ民族のチセ(茅葺きの家屋)を忠実に再現しており、開館時期であれば無料で見学することができる。中には儀式用の道具や生活用品が置かれていて、アイヌの暮らしをより実感できる。またクマの飼育檻や食物庫も展示されている。

北海道有珠郡壮瞥町昭和新山184　☎0142-75-2053　開館時間／8:00〜17:00
休館日／11月〜4月(冬期休業)　入館料／無料
アクセス／道央自動車道「伊達IC」より車で約15分
www.ichibankan.asia/

新ひだか町

コタン(集落)を再現したコーナーがある

シャクシャイン記念館《しゃくしゃいんきねんかん》

シャクシャイン城跡に造られた記念館。大広間はアイヌのチセ(家屋)を再現しており、そのほか資料室にはゴザ編み機や丸木舟など、様々な道具を陳列。隣接する真歌公園には、全道のアイヌを率い和人と戦ったアイヌ民族の英雄・シャクシャインの銅像がある。

北海道日高郡新ひだか町静内真歌7-1　☎0146-42-6792
開館時間／9:30〜16:30(5月〜10月は9:00〜18:00)
休館日／月曜(祝日の場合は翌日)　入館料／無料
アクセス／JR「静内駅」より車で約10分

鷹栖町

アイヌの人々が住んでいた住居を再現

アイヌ文化の森・伝承のコタン《あいぬぶんかのもり・でんしょうのこたん》

嵐山公園内にある旭川市博物館の分館。アイヌ文化の保存と伝承のためアイヌのコタン(集落)を復元しており、住居や食糧庫など生活空間を忠実に再現している。さらに展示だけでなく、アイヌの伝統行事を伝承する場所としても地元民に大切に利用されている。

北海道上川郡鷹栖町字近文9線西4号
☎0166-55-9779　開館時間／9:00〜17:00　休館日／毎月第2・第4月曜(祝日の場合は翌日)、年末年始(12月30日〜1月4日)、その他施設点検日　入館料／無料　アクセス／JR「旭川駅」から車で約30分　www.city.asahikawa.hokkaido.jp/hakubutukan/navi/d053250.html

新ひだか町

静内地方のアイヌ民族が用いた民具を紹介

新ひだか町アイヌ民俗資料館《しんひだかちょうあいぬみんぞくしりょうかん》

静内地方のアイヌの人々が日常生活に用いた民具などを100種類以上も保存・展示。史跡シベチャリチャシ跡出土の遺物や映像資料「アイヌ生活文化再現マニュアル」などが見られる。明治20年代に絶滅したとされるエゾオオカミの頭蓋骨は、有形文化財に指定。

北海道日高郡新ひだか町静内真歌7-1
☎0146-43-3094　開館時間／9:00～17:00
休館日／月曜、祝日の場合は翌日（※12月～4月は冬期休業）
入館料／無料　アクセス／JR「静内駅」より車で約10分　www.hidaka.pref.hokkaido.lg.jp/

網走市

世界の北方民族の文化を紹介する

北海道立北方民族博物館《ほっかいどうりつほっぽうみんぞくはくぶつかん》

アイヌ文化をはじめロシアやアメリカ、北欧、中国など世界各地の北方民族の文化を紹介する博物館。音声ガイド（無料）や映像資料などで、北方民族の歴史や文化をわかりやすくたどれる。アイヌとモンゴルの民族衣装体験や毛皮、楽器に触れられる体験コーナーも人気。

北海道網走市字潮見309-1
☎0152-45-3888　開館時間／9:30～16:30（7～9月は9:00～17:00）
休館日／月曜（祝日の場合は翌平日、7～9月、2月は無休）、年末年始　観覧料／550円　アクセス／JR「網走駅」より観光施設めぐり線で14分「北方民族博物館」下車すぐ　hoppohm.org

旭川市

日本最古のアイヌ記念館

川村カ子トアイヌ記念館《かわむらかねとあいぬきねんかん》

上川アイヌの長で鉄道測量技手であった川村カ子ト(かねと)の名前を冠した、日本最古で唯一の私立のアイヌ資料館。アイヌ衣装の無料貸し出しやムックルの制作体験ができる。カ子トが遺した鉄道測量の道具も数多く展示。屋外にはササを葺いたチセ(家)もある。

北海道旭川市北門町11丁目
☎0166-51-2461　開館時間／9:00〜17:00　休館日／無休　入館料／500円
アクセス／JR「札幌駅」より旭川ターミナル行きバスで約2時間、「川端6条10丁目」下車、徒歩約9分　k-aynu-mh.jp/

旭川市

アイヌの文化に五感で触れられる

旭川市博物館《あさひかわしはくぶつかん》

2008年(平成20)にアイヌ文化をメインにした展示内容にリニューアル。北海道のアイヌや樺太のアイヌの生活用具、動物の剥製などが展示されている。また現代のアイヌの人々が制作した作品などもあり、アイヌ文化の継承が感じ取れる。

北海道旭川市神楽3条7丁目　☎0166-69-2004　開館時間／9:00〜17:00(入館は閉館30分前まで)　休館日／10月〜5月の第2・第4月曜(祝日の場合は翌日)、年末年始(12月30日〜1月4日)、その他施設点検日　入館料／300円　アクセス／JR「旭川駅」より徒歩約10分
www.city.asahikawa.hokkaido.jp/hakubutukan

釧路市

アイヌ文化を伝える一大拠点

阿寒湖アイヌコタン《あかんこあいぬこたん》

阿寒国立公園内のまりもで有名な阿寒湖のほとりに「阿寒湖アイヌコタン」がある。30数戸に約120人が住む北海道で最大級のアイヌコタン(集落)で、先祖から大切に受け継がれ、国の重要無形民俗文化財に指定されているアイヌ古式舞踊を見学することができる。

北海道釧路市阿寒町阿寒湖温泉4-7　☎0154-67-2727
アクセス／JR「釧路駅」より阿寒バス2時間「阿寒湖バスセンター」下車、徒歩15分
www.akanainu.jp/

帯広市

十勝の自然に生きたアイヌ文化を紹介

帯広百年記念館《おびひろひゃくねんきねんかん》

十勝平野の誕生から現在までの様子を詳しく学べる博物館である。第2展示室では、十勝川を中心に暮らしていたアイヌの人々の生活文化がわかる資料を展示している。併設するアイヌ民族文化情報センター「リウカ」では、チェプケリなどの資料に触れて学ぶこともできる。

北海道帯広市緑ヶ丘2番地　☎0155-24-5352　開館時間／9:00～17:00(入場は閉館30分前まで)　休館日／月曜、祝日の翌日、年末年始(12月29日～1月3日)　入館料／380円　アクセス／JR「帯広駅」より南商・西23条行き十勝バスで約15分、「春駒通12条」下車、徒歩7分
www.octv.ne.jp/~hyakunen/riyouannai.htm

釧路市

釧路アイヌの展示が見られる

釧路市立博物館《くしろしりつはくぶつかん》

釧路地域の自然や歴史を中心に紹介する、東北海道随一の歴史と規模を持つ総合博物館。4階展示室「サコロベの人々」では、釧路川流域を生活の基盤としてきた釧路アイヌと呼ばれる人々の暮らしも紹介おり、丸木舟や樹皮衣、首飾りや儀礼で使われる道具などが見られる。

北海道釧路市春湖台1-7　☎0154-41-5809　開館時間／9:30〜17:00（入館は閉館30分前まで）　休館日／月曜（祝日の場合は4月〜11月3日は翌平日休館、11月4日〜3月は休館）、年末年始（12月29日〜1月3日）、11月4日〜3月の祝日　入館料／470円　アクセス／JR「釧路駅」より市立病院経由のバスで約15分「市立病院」下車、徒歩約5分　www.city.kushiro.lg.jp/museum/

弟子屈町

衣装試着体験などが行える

弟子屈町屈斜路コタン《てしかがちょうくっしゃろこたん》アイヌ民俗資料館《あいぬみんぞくしりょうかん》

屈斜路湖南岸にある資料館で、設計者は釧路市出身の建築家・毛綱毅曠氏。アイヌ民族に関する資料が、5つのテーマに分けて450点展示されている。約30分上映される歴史ビデオがとてもわかりやすいと好評なので要チェックだ。

北海道弟子屈町字屈斜路市街1条通14番
☎015-484-2128（休館期間中は015-482-2948）
開館時間／9:00〜17:00※4月〜10月までの営業　休館日／11月1日〜4月28日まで
入館料／420円　アクセス／JR「摩周駅」より車で約20分

幕別町

アイヌ指導者の思いが詰まった資料館

幕別町蝦夷文化考古館《まくべつちょうえぞぶんかこうこかん》

白人コタンのアイヌの指導者・故吉田菊太郎氏が集めた、祖先たちが遺した宝物を収蔵。その数は総計626点で、館内には、刀、矢、矢筒、弓、盃、酒桶、着物などの生活用品や、写真、書類など貴重な物ばかり並ぶ。解説資料 「吉田菊太郎資料目録」も発刊している。

北海道中川郡幕別町字千住114番地の1 ☎0155-56-4899 開館時間／10:00～16:00
休館日／火曜（祝日の場合は翌日）、年末年始（12月29日～1月3日） 入館料／無料
アクセス／JR「札内駅」より車で約10分、JR「帯広駅」より車で約25分 www.town.makubetsu.lg.jp/kyouiku/matikadogallery/ezobunkakokokan/ezobunkakokokan.html

---

稚内市

アイヌと稚内の歴史をたどる

稚内市北方記念館《わっかないしほっぽうきねんかん》

稚内市の開基百年と市制施行30年を記念して建てられた施設の、1・2階部分にある記念館。稚内市の歴史資料や、江戸時代の探検家である間宮林蔵に関する資料をはじめ寝棺やこの地域に根付いた宗谷アイヌと呼ばれる人々の装飾品や生活の道具などを展示。

北海道稚内市ヤムワッカナイ ☎0162-24-4019
開館時間／9:00～17:00（4月・5月・10月）、9:00～21:00（6月～9月）※4月～10月までの営業 【6月～9月】無休【4月・5月・10月】月曜（祝日の場合は翌日） 入館料／昼間400円・夜間200円（18:00～21:00） アクセス／JR「稚内駅」より車で約10分 w-shinko.co.jp/hoppo-kinenkan/

その他全国のアイヌ資料館

国立歴史民俗博物館《こくりつれきしみんぞくはくぶつかん》

2013年から第4展示室にてアイヌ民族の文化に関する展示を開始している。

千葉県佐倉市城内町117　☎03-5777-8600（ハローダイヤル）　開館時間／9:30～16:30（3月～9月は～17:00）　休館日／月曜（祝日の場合は開館し、翌日休館）　入館料／420円（企画展示は別料金）　アクセス／京成電鉄「京成佐倉駅」より徒歩約15分

アイヌ文化交流センター《あいぬぶんかこうりゅうせんたー》

工芸品を見たり体験講座に参加したり、東京にいながら様々な方法で文化に触れられる。

東京都中央区八重洲2-4-13 ユニゾ八重洲2丁目ビル3階　☎03-3245-9831　開館時間／10:00～18:00　休館日／日曜・月曜・祝日の翌日・12月29日～1月3日　アクセス／JR「東京駅」より約5分

野外民族博物館リトルワールド《やがいみんぞくはくぶつかんりとるわーるど》

世界の民族文化を紹介している野外博物館。コタン（集落）を再現した。クマの檻がある。

愛知県犬山市今井成沢90-48　☎0568-62-5611　開館時間／9:30～17:00（時期により変動あり）　休館日／7月前半の月～金曜5日間、12～2月の水・木曜日（冬休み期間中は開館）、12月31日　入館料／1700円　アクセス／名鉄犬山線「犬山駅」よりリトルワールド行きバスで約20分「リトルワールド」下車すぐ

松浦武四郎記念館《まつうらたけしろうきねんかん》

幕末に蝦夷地を6回調査し、アイヌ民族の姿を詳細に記録した探検家の記念館。

三重県松阪市小野江町383　☎0598-56-6847　開館時間／9:30～16:30　休館日／月曜（祝日の場合は翌日）、祝日の翌日、12月29日～1月3日　入館料／一般310円、6歳以上18歳以下200円　アクセス／近鉄「伊勢中川駅」東口より車で約7分

国立民族学博物館《こくりつみんぞくがくはくぶつかん》

2016年にアイヌの文化展示をリニューアル。伝統的な住居の展示などが見られる。

大阪府吹田市千里万博公園10-1　☎06-6876-2151　開館時間／10:00～17:00（入館は閉館の30分前まで）　休館日／水曜　入館料／420円　アクセス／大阪モノレール「万博記念公園駅」より徒歩約15分

天理大学附属天理参考館《てんりだいがくふぞくてんりさんこうかん》

世界の生活文化と考古美術の研究を目的とする。1階にアイヌ民族の展示コーナーが常設。

奈良県天理市守目堂町250　☎0743-63-8414　開館時間／9:30～16:30（入館は閉館30分前まで）　休館日／火曜（祝日の場合は翌日。また毎月25日～27日、4月17日～19日、7月26日～8月4日の間は開館）、創立記念日（4月28日）、8月13日～17日、12月27日～1月4日　入館料／400円　アクセス／JR「天理駅」より徒歩約20分

おわりに　民族が共に生きるということ

アイヌだけでなく、世界には数多くの民族が暮らしています。民族の定義は様々ですが、それぞれの民族が長い時間をかけて築き上げてきた言葉や文化は、アイデンティティとして共同体の強い絆を生む要素となっていると思います。

歴史は人類の多様性に満ちあふれた文化を育む一方で、時として異なる、あるいは同じ民族同士の衝突を生み、それが戦争や内戦にまで至ることもあります。

2020年、北海道白老町に〝民族共生象徴空間〟として国立アイヌ民族博物館・国立民族共生公園が誕生します。では、民族が共生するとは一体何でしょうか。そのためには、まずひとり一人が直接異文化を体験することが必要なのではないかと思います。現在はテレビや本、インターネットを通じてあらゆる情報が手に入りますが、誤解や曲解を生む可能性も含んでいます。だから今こそ、北の大地を訪れてみてはいかがでしょうか。アイヌの人々と出会い、話すことで見えてくる実情が必ずあるはずです。そして旅が終わった後にぜひもう一度、本書を開いてみて下さい。そこには、それまで見えていなかった新しい世界が広がっているはずです。

時空旅人編集部

「時空旅人」は三栄書房が発行する隔月刊誌。奇数月26日発売。読み応えのある文章と厳選したビジュアルで、読者を遥かな歴史の世界へと誘う。太平洋戦争における日本、聖地・高野山の秘密、三国志と英雄たちの物語など「時」と「空間」にこだわらず、毎号幅広いテーマで挑戦的な特集を続けている。歴史好きだけでなく、誰もが楽しめる歴史雑誌。

執筆者◎秋川ゆか（P20-26、P38-55、P61-73、P134-153）、阿部文枝（P27-37、P74-87）、相庭泰志（P90-133）
写真◎遠藤 純（一部）

※本書では一部に当時の記録に基づいた差別的な用語が出て来る場合がありますが、そうした差別を助長する意図はありません。

今こそ知りたい
アイヌ
北の大地に生きる人々の歴史と文化

2018年5月16日　初版 第1刷発行

編　者 ―――― 時空旅人編集部
発行人 ―――― 星野邦久
発行元 ―――― 株式会社三栄書房
〒160-8461 東京都新宿区新宿6-27-30
新宿イーストサイドスクエア 7F
TEL:03-6897-4611（販売部）
TEL:048-988-6011（受注センター）
装幀者 ―――― 丸山雄一郎（SPICE DESIGN）
制　作 ―――― 株式会社プラネットライツ
印刷製本所 ―― 図書印刷株式会社

落丁本・乱丁本は購入書店名を明記のうえ、小社販売部あてにお送りください。
送料は小社負担にてお取り替えいたします。
Printed in Japan ISBN 978-4-7796-3603-5

サンエイ新書好評既刊

密教の聖地
高野山
その地に眠る偉人たち
上永哲矢
野田伊豆守
歴史上に名を残した多くの偉人との関係を紐解きながら高野山の知られざる一面を紹介。空海によって開基された平安時代から、戦乱の世を経た江戸時代までをたどる。高野山とゆかりの深い人物伝も多数収録！
1

三国志
その終わりと始まり
上永哲矢
後漢王朝の衰退から、激動の群雄割拠を経て、魏呉蜀の三国時代へ。そして晋の天下統一。今なお語り継がれる英雄譚を、陳寿が著した正史『三国志』を基に解説。三国志の舞台の地を訪れたルポルタージュも必読。
2

［カラー版］古地図で読み解く
城下町の秘密
男の隠れ家編集部 編
古地図を使って全国32カ所の城下町の成り立ちを学べる一冊。地形や町割、町名などの情報から当時の様子を徹底分析。東日本は上田、弘前、仙台、会津若松など、西日本は金沢、大阪、津和野、萩などを紹介。
3

『古事記』を旅する
神話彷徨
編纂1300年 日本最古の歴史書
時空旅人編集部 編
天武天皇の勅命により編纂された『古事記』。ヤマトコトバで編まれたその神話性を読み解く。出雲神話と日向神話、そしてヤマト神話とゆかりのある地を訪れたルポルタージュでは、今に生きる神話の世界を覗く。
4

おカネは「使い方」が9割
《生きガネ》を操る実戦心理術
向谷匡史
学歴も偏差値も、カネの前では無意味。ヤクザ、ホスト、政治家、フィクサーなど、1万円を10万円、100万円の価値に高め、その《生きガネ》を使うことで自分を売り込むプロたちの「実戦マネー心理術」。
5

成立から倒幕まで
長州藩
志士たちの生き様
男の隠れ家編集部 編
長州藩はなぜ明治維新で大きな影響力を持ち得たのか。藩の成り立ちから倒幕までの流れを追いながら、全体像を浮かび上がらせる。また新政府発足から始まった藩閥政治の光と影、幕末人物伝なども収載。
7